Ullstein

## ÜBER DAS BUCH

»»Was mag überhaupt der Sinn von Weihnachten sein? überlegte Kater Knolle. ›Putzen, backen, kochen, braten, bohnern, Küchentüren verschließen vielleicht?‹«

Weihnachten auf sanften Pfoten. Das schönste Fest des Jahres einmal schnurrend, samtweich und eigenwillig. Während Horst M. Lampes Katze Weihnachten in Florida verbringt, verzaubert die schneeflockenweiße Katze von Colette einen frierenden Soldaten. Daneben gibt es noch die Angorakatze von Raymond Chandler mit dem ursprünglich japanischen Namen Taki und viele weitere Geschichten von unseren lebensklugen Vierbeinern.

# Katzenweihnacht und andere Katzengeschichten zum Fest

Herausgegeben
von Ilona Schneider-Kruse

Ullstein

Ullstein Buchverlage GmbH,
Berlin
Taschenbuchnummer: 24323

Originalausgabe
November 1997

Umschlaggestaltung:
Theodor Bayer-Eynck
Illustration:
The Image Bank/Phil Boatwright
Alle Rechte vorbehalten
© 1997 für diese Ausgabe
by Ullstein Buchverlage GmbH,
Berlin
Printed in Germany 1997
Gesamtherstellung:
Clausen & Bosse, Leck
ISBN 3 548 24323 1

Gedruckt auf alterungsbeständigem
Papier mit chlorfrei gebleichtem
Zellstoff

Die Deutsche Bibliothek
CIP-Einheitsaufnahme

Katzenweihnacht und
andere Katzengeschichten zum Fest/
hrsg. von Ilona Schneider-Kruse
Orig.-Ausg.
Berlin: Ullstein, 1997
  (Ullstein-Buch; Nr. 24323)
  ISBN 3-548-24323-1

# Inhalt

Angelika Mendau, Ein Haus aus Schnee 7
Charlotte Link, Wirklich clever, dieser Weihnachtsmann 8
Angela Wegmann, Der Engel der Tiere 15
Gertrud Svoboda, Kater Moritz 22
Barbara Rütting, Viel Lärm um nichts 28
Ulrike Piechota, Katzenweihnacht 31
Renate Fabel, Schneeballschlacht? – Nein, danke! 37
Phyllis Briggs, Schnurrs Abenteuer 38
Horst M. Lampe, Weihnachten in Florida 68
Raymond Chandler, Unsere schwarze Angora 72
Katharina Kühl, Mau-Mau 85
Peter Heim, Zwei Fotografien 92
Renate Fabel, Winterstellung 99
Lydia Adamson, Weihnachtstheater 102
Colette, Ein Märchen für die Kinder der Soldaten 116
Jill Steinberg, Miß Lucie als rettender Engel 122
Marguerite Steen, Kleiner weißer König 133
Gina Ruck-Pauquèt, Warum jedes Jahr wieder Weihnachten wird 144
Eva Hüttemann, Bastian wandert aus 154
Cleveland Amory, Die Katze, die zur Weihnacht kam 157
Mary E. Wilkins Freeman, Die Katze 188
Eva Hüttemann, Auf der Jagd 199
Martina Magyari, Micki und Julians Lebensphilosophie 203
Quellennachweis 207

# Angelika Mendau

## Ein Haus aus Schnee

ABC, das Kätzchen lief in 'n Schnee,
und als es wieder raus kam,
da hat es weiße Stiefel an.
ABC, das Kätzchen lief in 'n Schnee.

DEFGHI, das Kätzchen läuft heut Ski!
Doch an dem steilen Hang – oje –,
fällt es kopfüber in den Schnee!
DEFGHI, das Kätzchen läuft heut Ski.

JKLMNO, wie das Kätzchen froh!
Es springt vergnügt im Schnee umher,
sein weißes Fell gefällt ihm sehr!
JKLMNO, wie ist das Kätzchen froh!

PQRSTU, was sagt man nur dazu!
Ein Kater ist zum Kätzchen nett
und steckt es gleich ins Kuschelbett.
Das findet Kätzchen nett.
VWXYZ!

# Charlotte Link

## Wirklich clever, dieser Weihnachtsmann

Ich wußte natürlich von Anfang an, daß das ganze Haus über mich herziehen würde, wenn Susanne auf meine Anordnung hin den Hund fortschaffen müßte. »Das nette junge Mädchen«, würde es heißen, und »der süße, arme Hund!« Und außerdem war Adventszeit, da sind die Leute dreimal so sentimental. Dabei hätten sie sich mit ein bißchen kühlem Verstand sagen müssen, daß ich recht hatte: Machen denn Hunde noch etwas anderes als Lärm? Und Schmutz? Und das ist in den Wochen vor Weihnachten weiß Gott nicht anders als sonst. Im Gegenteil, ich sah sie schon, die Schneespuren im Treppenhaus. In *meinem* Treppenhaus! Denn ich bin der Besitzer – und damit verantwortlich dafür, daß hier alles seinen geordneten Gang geht.

Susanne, das Mädchen aus dem dritten Stock, hatte die kleine braune Hündin aus Spanien mitgebracht. Maroussia hatte am Rand einer staubigen Landstraße gelegen, mit zwei gebrochenen Beinen und zum Skelett abgemagert. Natürlich, so eine Geschichte geht einem schon nahe, und ich finde es ja auch in Ordnung, daß Susanne dieses arme Bündel Haut und Knochen aufgesammelt und mitgebracht hat. Aber warum soll es jetzt in meinem Haus leben? Wozu gibt es Tierheime?

»Heute ist der dritte Advent«, sagte ich zu Susanne, »bis zum vierten haben Sie Zeit, diesem Hund ein neues Zuhause zu suchen. Es tut mir leid, aber hier ist Tierhaltung nun einmal verboten. Ich kann da keine Ausnahme machen.«

Susanne erwiderte nichts, aber sie sah mich lange und eindringlich an. Es war wie verhext; sie und der spanische Hund hatten dieselben tiefdunklen, maurischen Augen.

»Also«, murmelte ich, »eine Woche. Das müßte reichen.«

Sämtliche Familien im Haus nahmen lebhaften Anteil an Susannes Versuchen, für Maroussia einen neuen Platz zu finden. Und ich selbst mußte mir immer wieder die neuesten Geschichten anhören; meine Kinder erzählten sie mir, und jeder Mieter, den ich im Aufzug oder im Gang traf, berichtete mir sofort aufgeregt von Susannes und Maroussias Abenteuern.

Also – das mit dem Tierheim war schiefgegangen. Susanne hatte den Hund abgeliefert, war auch noch irgendwie zu ihrem Auto zurückgelangt, hatte es aber dort – offenbar inzwischen blind vor Tränen – nicht mehr über sich gebracht, alleine nach Hause zu fahren. Und so kehrte sie schnurstracks um, holte Maroussia aus dem Käfig und kreuzte hier wieder mit ihr auf. Da die Frist noch nicht abgelaufen war, sagte ich nichts. Fairneß muß sein.

Der nächste Anlauf war eine Annonce in der Zeitung. »Kleine braune Hündin sucht neues Zuhause ...« Meine jüngste Tochter, die gerade erst lesen gelernt hatte, las mir den Text beim Frühstück stockend und fehlerhaft, aber erbarmungslos von Anfang bis Ende vor. Alle drei Kinder sahen mich an, als hätten sie einen Schwerkriminellen vor sich.

»Jetzt werden sich bald liebe, nette Menschen für die liebe, nette Maroussia finden«, sagte ich munter. Keines der Kinder antwortete. Meine Tochter stand auf und verließ schweigend das Zimmer. Im Radio spielten sie »Oh, du fröhliche ...«

Wie man sich so im Haus erzählte, hatte die Annonce eine durchschlagende Wirkung, allerdings nur insofern, als Abend für Abend wildfremde Menschen zu Susanne in die Wohnung stolperten, einen kurzen Blick auf den Hund warfen und im übrigen dies alles als eine Art Einladung ansahen, den Abend in angeregter Unterhaltung mit einer hübschen jungen Frau zu verbringen. Ganze Familien erschienen, Ehepaare, einsame Männer – aber keiner, soweit ich das durch meinen Türspion erkennen konnte, verließ das Haus mit einem Hund an der Leine.

»Es wird einfach keiner gut genug sein«, meinte ich zu meiner Frau, »wahrscheinlich sucht sie ein Fürstenschloß für diese Maroussia.«

»Ach was, es ist so, daß niemand diesen armen spanischen Hund will«, entgegnete meine Frau und warf mir einen anklagenden Blick zu. Ich fühlte mich langsam verfolgt. Gab es denn niemanden, der Verständnis für *meine* Gründe hatte?

In unserem Haus lebte ein alter Mann, und der nahm besonderen Anteil am Schicksal von Susanne und Maroussia. Jeden Tag kaufte er eine Dose Hundefutter, die er vor Susannes Wohnungstür abstellte. Alle im Haus liebten diesen alten Mann, besonders die Kinder, denn einmal im Jahr, am vierten Advent, verkleidete er sich als Weihnachtsmann und zog in einem roten Mantel und mit einer roten Mütze auf dem Kopf von Wohnung zu Wohnung und verteilte kleine Geschenke an die Kinder. Eine nette Idee, das mußte ich ja zugeben, aber ich glaube, ich war immer ein bißchen eifersüchtig, wenn meine Kinder voller Begeisterung von ihm sprachen. Oder mit Problemen zu ihm statt zu mir gingen.

So wie mit der Katze.

Die Katze tauchte zwei Tage vor dem vierten Advent in unserem Vorgarten auf, genauer gesagt, direkt unter unserem Wohnzimmerfenster. Ein mageres Tier mit struppigem Fell und entzündeten Augen. Offenbar hatte sie keinen Besitzer, aber warum, um alles in der Welt, mußte sie gerade zu uns kommen? Sie saß den ganzen Tag auf dem Fensterbrett, eng an die Glasscheibe gepreßt, und maunzte. Maunzte zum Gotterbarmen. Ihr spitzes Gesicht hob sich als helles Dreieck von der frühen winterlichen Dämmerung ab. Überflüssig zu sagen, daß meine Kinder auf der anderen Seite des Fensters klebten und fast genauso anhaltend und herzzerreißend jammerten wie die Katze.

»Kommt, wir zünden die Kerzen am Adventskranz an«, versuchte ich sie abzulenken. Das war für gewöhnlich *die* Sensation. Nicht so heute.

»Wir haben schon den Weihnachtsmann um Hilfe gefragt«, sagte meine Tochter. Ich seufzte. »Das ist kein Weihnachtsmann. Das ist ein ganz normaler Mann! Nur weil er einmal im Jahr . . .«

»Er sagt, er kann die Katze nicht zu sich nehmen«, fuhr meine Tochter ungerührt fort, »weil du das hier im Haus verboten hast. Warum hast du es verboten?«

Ich fragte mich, womit ich es verdient hatte, in so unangenehme Grundsatzdiskussionen verwickelt zu werden. Statt einer Anwort zog ich rasch die Vorhänge zu, um das Katzengesicht draußen nicht mehr sehen zu müssen.

»Wir singen jetzt Weihnachtslieder!« bestimmte ich.

Der Gesang fiel mager aus. Immer wieder brach eines der Kinder ab, lauschte nach draußen und fragte die anderen: »Schreit sie noch?« Und dann lauschten sie alle, und tatsächlich, zart wie das Läuten einer kleinen silbernen Glocke klang die Stimme der Katze von draußen herein.

In der Nacht hatte es geschneit. Im Laufe des Tages wurde es immer kälter, als leuchtendroter Ball hing die Sonne am fahlen Winterhimmel.

Ich traf Susanne und Maroussia an der Haustür. Der Hund wedelte vergnügt mit dem Schwanz, Susanne aber sah blaß und übernächtigt aus. Sie grüßte mich mit leiser Stimme.

»Na, jetzt sagen Sie nur, es hat sich immer noch niemand für diesen hübschen Hund gefunden?«

»Niemand«, entgegnete Susanne. Ich schüttelte den Kopf. »Aber es kommen doch ständig Interessenten?«

»Ja, aber die meisten suchen einen reinrassigen Hund. Oder sie suchen gar keinen, sondern wollen nur einmal in eine andere Wohnung hineinschauen, jemanden kennenlernen. Einer wollte sich sogar Geld pumpen. Ja, und...«, sie schaute mich nicht an, sondern blickte an mir vorbei zum Horizont, wo die Sonne hinter den Bäumen unterging, »morgen ist der vierte Advent...«

Die Katze miaute den ganzen Abend vor unserem Fenster. Allmählich gewann ich den Eindruck, daß sich sämtliche leidende Kreaturen dieser Erde ausgerechnet in meinem Haus versammelten. »Warum geht sie nicht woandershin?« fragte ich gereizt. Wir saßen alle vor dem Kamin, blickten in die Flammen und lauschten auf das Knistern der brennenden Holzscheite. Das heißt, wir hätten gern gelauscht. Meist aber war die Stimme der Katze lauter.

Niemand antwortete auf meine Frage.

»Morgen kommt der Weihnachtsmann«, wechselte ich das Thema.

Es antwortete immer noch niemand. Aha, jetzt wurde ich also geschnitten. Noch ein paar Tage, und meine Widerstände würden erlahmen. Ich beschloß, früh schlafen zu gehen. Eine tolle Adventszeit dieses Jahr, wirklich!

Der Weihnachtsmann kam tatsächlich am nächsten Tag. Er hatte sich einen langen weißen Bart angeklebt, und seine himmelblauen Augen blitzten. Für die Kinder kramte er Schokoladennikoläuse hervor, Strohsterne und Glaskugeln, in denen es schneite, wenn man sie schüttelte. Dann sah er sie alle der Reihe nach an.

»Was wünscht ihr euch denn vom Christkind?« fragte er.

Die Antwort kam wie aus der Pistole geschossen, und noch dazu im Chor: »Wir wollen, daß unser Vater die Katze hereinläßt!«

Der alte Mann schaute mich an. »Es ist bald Weihnachten!« sagte er leise.

Das war der Moment, da ich kapitulierte. Sentimentaler Narr, der ich bin, aber irgendwie ging es mir ans Herz – die bettelnden Augen der Kinder, der alte Mann in seinem roten Mantel, aber vor allem die Stimme, mit der er sagte: »Es ist bald Weihnachten.«

»In Gottes Namen, holt die Katze herein«, sagte ich erschöpft. Der alte Mann lächelte mir zu und wandte sich zum Gehen, ich kämpfte mit mir, aber dann hielt ich ihn zurück.

»Was Recht ist«, knurrte ich, »muß Recht bleiben.

Wenn ich hier eine Katze habe, kann ich Susanne nicht gut ihren Hund verbieten, nicht wahr? Sagen Sie ihr – mein Adventsgeschenk –, sie kann den Hund behalten. Wenn's sein muß!«

Es tat gut, wirklich, ich muß zugeben, es tat gut, in die warmen, freundlichen Augen des Weihnachtsmannes zu blicken.

Natürlich bin ich kein Dummkopf. Ich weiß längst, was hier gelaufen ist. Ich habe das leere Baldrianfläschchen im Müll gefunden. Und ich habe Baldrian gerochen – auf meinem Fensterbrett. Wirklich clever, dieser Weihnachtsmann. Um Maroussia zu retten, setzte er mich mit einem anderen Tier unter Druck. Eine heimatlose Katze ist leicht aufzutreiben. Und ich fragte noch: »Wieso kommt sie immer wieder zu uns?« Jeder weiß, mit Baldrian kann man Katzen verrückt machen. Es zieht sie magisch an. Und bringt sie zum Schreien.

Ja, so war das. Aber komischerweise war ich gar nicht ärgerlich an diesem Abend. Alle vier Kerzen auf dem Adventskranz brannten. Wir sangen Weihnachtslieder, und auf dem Sofa lag die Katze und putzte ihr weißes struppiges Fell.

# Angela Wegmann

## Der Engel der Tiere

Draußen fiel der Schnee in dicken Flocken, die wie Ballerinas durch die Luft wirbelten, um dann ihr weißes Röckchen auszubreiten und sich leise niederzulassen. Der Wald rings um das kleine Haus hatte schwer an ihrer Last zu tragen, aber er hielt geduldig still, denn er war müde vom lauten, geschäftigen Treiben des Sommers. Nun hatten sich die meisten Tiere zurückgezogen, und nur noch selten bahnte sich ein Mensch seinen Weg durch den hohen Schnee. Jetzt mußte der Wald sein Festkleid anlegen. Er wußte, daß die stille Zeit der Vorbereitung gekommen war, die Zeit, in der eine unendliche Ruhe ihn durchdringen wird, aber auch die Zeit, in der etwas Besonderes geschehen wird.

Der Kamin des Hauses rauchte schon lange nicht mehr, und in dem Zimmer war es kalt geworden. Der alte Mann saß ganz ruhig in seinem Ohrensessel, den leblosen Körper leicht nach vorn geneigt, so als schliefe er nur. Seine knochigen Hände lagen auf der verwaschenen alten Decke, in die er sich eingewickelt hatte. Seine schlaffen Füße steckten in groben Filzpantoffeln. In der Hand hielt der alte Mann eine bunte Weihnachtspostkarte, die ihm sein Sohn geschickt hatte. Vom letzten Skiurlaub war da die Rede und von einem neuen Auto. »Deine Dich liebenden Kinder«, stand in hastig hingeworfenen Buchstaben am Schluß. Und darunter noch kleiner geschrieben: »Kommen Dich bald besuchen.«

Zu Füßen des Mannes lag ein weißer Spitz, den Kopf auf die Filzpantoffeln gestützt. Er liebte den Geruch dieser alten Schuhe. Wann immer er konnte, bemächtigte er sich ihrer und hütete sie eifersüchtig wie einen Schatz. Unter dem Tisch, am anderen Ende des kleinen Raumes, schlief ein nicht sehr schöner, mittelgroßer brauner Mischling, der wegen seiner Ohrenstellung allgemein nur »Schlappohr« genannt wurde. Ein großer, gelber Kater, dem man ansah, daß er schon so manch ein Katzenabenteuer hinter sich haben mußte, und ein kleines getigertes Kätzchen dösten auf dem zerschlissenen Sofa vor sich hin. Nur die Krähe hüpfte in ihrem Käfig nervös von einer Stange zur anderen. Die Türe zu ihrem Käfig stand wie immer offen, aber sie weigerte sich, auch nur einen Flügelschlag außerhalb ihrer Behausung zu tun, denn sie traute den beiden Katzen nicht. Die Krähe lebte noch nicht lange in dem kleinen Haus. Als der alte Mann sie gefunden hatte, waren ihr beide Flügel gebrochen. Auch jetzt noch konnte sie nur sehr unbeholfen fliegen.

Über Mensch und Tier lag nicht die heitere, erwartungsvolle Stille, die der Wald atmete, sondern eher eine lähmende, traurige Leere, die keine Zukunft und keine Hoffnung kennt.

»Sagt mal, kennt ihr eigentlich die Geschichte vom Engel der Tiere?«

Die anderen hoben träge ihre Köpfe und schauten zu dem Spitz hinüber, der mit seiner Frage die bleierne Ruhe des Nachmittags durchbrochen hatte.

»Von welchem Engel?« fragte der Mischling.

»Vom Engel der Tiere«, antwortete der Weiße.

Schlappohr lag da, den Kopf auf die Pfoten gelegt. Auf seiner breiten Stirn bildeten sich dicke Falten, wie immer, wenn er angestrengt überlegte.

»Nee«, sagte er schließlich, gähnte und schickte sich an, wieder in den Dämmerzustand zu verfallen, in dem er den größten Teil des Tages verbrachte.

»Na, wenn es euch nicht interessiert«, sprach der Weiße und schleckte sich beleidigt seine Pfoten ab.

»Was ist denn mit diesem Engel?« wollte da aber das kleine getigerte Kätzchen wissen, das bis jetzt zusammengerollt auf seinem Platz gelegen hatte, denn wie alle Katzen war es sehr neugierig. Der Weiße, froh, daß jemand seine Geschichte hören wollte – denn er stand gern im Mittelpunkt – blickte zu dem Kätzchen hinüber und fing mit bedeutungsvoller Miene zu erzählen an.

»Also. Die Geschichte ist sehr alt. Mein Großvater hat sie mir einst erzählt, und der weiß sie wieder von seinem Großvater, der sie wiederum von einem sehr alten Hund erfahren hat. Es soll sich zugetragen haben zu der Zeit, als Maria und Josef auf der Suche nach einer Herberge vergeblich von Haus zu Haus gezogen sind. Überall wurden sie wegen ihrer Armut abgewiesen. Niemand hatte ein kleines Plätzchen für sie frei. Es war bitter kalt, und Maria stand kurz vor ihrer Niederkunft. So gingen sie also aus der Stadt und fanden schließlich Unterschlupf in einem Stall, der sie wenigstens vor den ärgsten Unbilden des Wetters schützte. Die Tiere im Stall störten sich nicht an der Armut der beiden. Sie gaben bereitwillig von ihrem Stroh ab und wärmten Maria mit ihren Körpern. Als dann die Zeit gekommen war, murrten sie auch nicht, als Josef eine Futterkrippe leerte und Stroh hineintat, um dem Kind ein Bett zu bereiten. Der Heiland war geboren. Und nicht Menschen, sondern Tiere waren die ersten, die in leiser Andacht die Köpfe vor dem Neugeborenen senkten, denn auch sie spürten, daß das kein gewöhnliches Menschenkind sein konnte, das da in stiller Duldsamkeit, so als wisse es um sein schweres Los, in der Krippe lag. Gott aber segnete die Tiere des Stalles. Und von diesem Tag an schickte er jedes Jahr zu Weihnachten einen Engel aus, der armen Tieren helfen soll – den Engel der Tiere.«

Hier schloß der Spitz und blickte in die Runde. Schlappohr und der gelbe Kater hatten sich erhoben und schauten angespannt lauschend zu Weißfell hinüber.

»Ach«, seufzte das Kätzchen und begann sich ganz selbstvergessen das Fell zu putzen.

»Märchen, nichts als Märchen«, krächzte die ewig kritische Krähe. Zustimmendes Gemurmel von seiten des gelben Katers und Schlappohrs. Bald schickte sich jeder wieder an, seinen eigenen Gedanken nachzuhängen.

»Und wenn es ihn aber doch gibt?« meldete sich da schüchtern das kleine Kätzchen, und seine Schnurrhaare zitterten vor Aufregung. »Heute ist doch die Heilige Nacht.« Es schloß die Augen und betete inbrünstig. »Oh, lieber Gott, mach, daß der Engel zu uns kommt. Mach, daß wir bei unserem geliebten Menschen bleiben können. Mach, daß wir nicht weggehen müssen.«

»Märchen, dumme, alberne Märchen«, wiederholte die Krähe und funkelte das Kätzchen feindselig an.

»Ich dachte ja nur, daß vielleicht ...«

»Es gibt keinen Engel der Tiere«, unterbrach die Krähe es gereizt. »Ich habe noch nie etwas von ihm gehört. Verstehst du. Es gibt diesen Engel nicht. Für uns nicht und auch für andere nicht. Er existiert einfach nicht.« Erregt hüpfte die Krähe in ihrem Käfig hin und her, wobei sie wie zur Bekräftigung ihrer Aussage immer wieder mit dem Kopf nickte und vor sich hin zischte. »Nein, es gibt ihn nicht. Er existiert nicht.«

Der große gelbe Kater setzte sich auf, gähnte, kratzte sich am Ohr und sagte traurig: »Die Krähe hat recht. Ich habe auch noch nie etwas von einem Engel der Tiere gehört.« Er seufzte, drehte sich einmal um sich selbst und ließ sich wieder auf seinem Kissen nieder. Die Krähe hatte sich inzwischen beruhigt. Sie saß nun unbeweglich in einem Eckchen ihres Käfigs und starrte resignierend vor sich hin. Der Spitz schlief schon längst wieder, den Kopf auf den Pantoffeln seines Herrchens. Nur das Kätzchen saß noch da und blickte sehnsüchtig träumend auf den alten Mann, der bewegungslos in seinem Stuhl saß. Er hatte die Augen geschlossen, so als ob er nur schliefe. Ganz leise, fast unhörbar, sagte des Kätzchen: »Und wenn es ihn aber doch gibt?«

Draußen war es inzwischen dunkel geworden. Es hatte zu schneien aufgehört. Auch in dem kleinen Haus war es dunkel geworden. Es gab niemanden mehr, der ein Licht hätte anzünden können. In weiter Ferne läuteten Kirchenglocken die Heilige Nacht ein.

Das Kätzchen war auf das Fensterbrett gesprungen und blickte in die sternenklare Nacht, so, als ob es etwas suche. Plötzlich spannte sich sein kleiner Körper, und es fing vor Erregung zu zittern an.

»Er kommt!« rief es außer sich vor Freude. »Er kommt tatsächlich. Er kommt zu uns. Seht nur, seht!«

Aufgeschreckt aus ihrem Schlaf, hoben die anderen Tiere träge die Köpfe, und da konnten sie auch schon den hellen Lichtschein sehen, der langsam das ganze Zimmer erfüllte.

Der alte Mann saß noch immer still da, aber etwas hatte sich in seiner Haltung verändert. Und als die Türe sich öffnete und das Licht den ganzen Raum in strahlenden Glanz tauchte, da erhob sich der Geist seines alten, abgemergelten Körpers leicht und mühelos, so als ob die Last der Jahre von ihm gefallen wäre. Langsam, gleichsam als schwebe er, ging er auf die offene Tür zu und folgte dem hellen Licht. Bei der Türe angekommen, blieb er stehen und blickte sich lächelnd nach den Tieren um. Da war der Bann gebrochen, der die Tiere hatte erstarren lassen. Langsam, ganz langsam erhoben sie sich und folgten dem alten Mann, der inzwischen durch die Tür in die Nacht hinausgegangen war. Sogar die ängstliche Krähe wagte sich aus ihrem Käfig. In den Herzen der Tiere war eine unbeschreibliche Freude und eine warme Stille. Sie mußten nicht allein zurückbleiben. Und die Bäume des Waldes neigten ehrerbietig ihre Äste, als die stille Prozession an ihnen vorüber gen Himmel glitt. Der Wald war alt, und er kannte die Geheimnisse.

Eine Woche war vergangen, als sich ein Auto schnaufend und prustend den Weg durch den tiefen Schnee auf der Straße bahnte, die zu dem kleinen Haus führte. Es war ein sehr schönes Auto, neu und auf Hochglanz poliert. Vor dem Haus angekommen, hielt das Auto. Ein Mann, eine Frau und zwei Kinder stiegen aus. Der Mann hatte ein Paket unter den Arm geklemmt, um das eine große Schleife gebunden war. Die Frau klopfte an die Tür, aber es öffnete niemand. Da zuckte der Mann mit den Achseln und meinte, der Opa sei wohl über Weihnachten ins Dorf gezogen. Der Mann verstaute das Geschenk, eine neue Decke für den Opa, seine Frau und die Kinder wieder in das neue, schöne Auto und fuhr ab.

Drinnen saß der alte Mann in seinem Sessel, die Postkarte noch immer in seiner Hand. Um ihn herum lagen die kalten Körper seiner Tiere. Sie lagen da, als schliefen sie, ganz ruhig und friedlich. Der alte Mann lächelte, und auch die Tiere schienen zu lächeln. Und nur der Wald wußte um ihr Geheimnis.

# Gertrud Svoboda

## Kater Moritz

Die Jagdzeit macht mir immer wieder schwer zu schaffen. Hinterm Haus kracht's dann in einer Tour, und die Katzen legen ängstlich ihre Ohren zurück und lauschen nach draußen. Ich möchte sie am liebsten anbinden, denn trotz der Ballerei, oder vielleicht gerade deswegen, sind sie im Haus kaum zu halten.

Maxi erwies sich schon als junge Katze – und die war sie ja 1974 noch – als die gesetzteste von allen. Wenn ich ihr auf ihrem Lieblingsplatz, unter der Lampe meines Schreibtisches, die Zeitung aufbreitete – Katzen liegen gern auf Papier! – und ihr ins Ohr raunte: »Bleib schön da, draußen ist's heute nicht geheuer!« streckte sie sich nach anfänglichem zartem Widerstand aus und blieb dort den ganzen Tag liegen.

Mentschi allerdings war nie zu halten. Zunächst kratzte er an der Terrassentür und sprang immer wieder die Glasscheiben hoch. Schließlich begann er durchdringend zu miauen.

»Der hat Töne! So was! Wie eine Fabriksirene!« sagte Hans und machte Anstalten, die Tür zu öffnen.

»Laß ihn nicht hinaus!« rief ich ängstlich.

»Soll er uns wieder ins Zimmer sch...?«

Auf diese logische Frage wußte ich keine Antwort. Noch stand ja Mentschis erster Winter in unserem

Haus, mit allem Drum und Dran um seine Endverdauung, wie ein schreckliches Menetekel in unserer Erinnerung. Also ließen wir ihn laufen.

Mit einem Satz war er im Garten und schlug stets dieselbe Richtung ein. Dieser Weg führt schnurgerade hinauf zu den Feldern, wo die Treiber lauerten und das große Ballern und Hasenschießen im Gange war. Mir blieb der Atem weg, als ich Mentschi zum erstenmal so mitten hinein in sein mögliches Unglück rennen sah. Hans tröstete mich: »Der kennt instinktiv die Gefahr. Der weiß schon, was er macht!«

Für mich begann an solchen Tagen immer das große Warten. Kommt er, kommt er nicht? Manchmal dauerte das bis in die Nacht hinein. Endlich hörte ich ihn auf der Katzentreppe poltern. Und Sekunden später sprang er mit einem ganz merkwürdig hohen »Mi« zum Fenster herein.

Es wurde schnell Winter in diesem Jahr. Ende November begann es zu schneien und hörte bis Februar nicht mehr auf. Unter dem *23. Dezember* steht in meinem Katzentagebuch:

– Moritz hat mich heute am Christbaumputzen gehindert. Immer wieder haschte er nach den vergoldeten Nüssen und den roten und grünen Glaskugeln. Er sah dabei so drollig aus, daß ich vor lauter Lachen nicht dazu kam, alles anzubinden. Was sich bewegt, wird von ihm verfolgt.

Als ich ganz oben den Stern befestigen wollte, stieß er sich vom Holzkreuz ab und sprang aus dem Stand fast eineinhalb Meter hoch. Über meine Bewunderung, daß dieser kleine Kater eine so großartige turnerische Leistung vollbringen kann, vergaß ich ganz, mich über ihn zu ärgern. Seinem Ansturm war nämlich das zarte

Bäumchen nicht gewachsen. Es fiel um, die Kugeln und Nüsse und Äpfel rollten unter Tische und Sessel, und als plötzlich alles in Bewegung war, konnten auch Maxi und Mentschi nicht mehr widerstehen. Sie schossen wie die Blitze in der Halle herum.

Erst nach einer halben Stunde wurde es ruhig im Haus. Maxi hatte sich mit einem Stück Lametta in die Ecke neben dem Kamin zurückgezogen und ließ sich das glänzende Zeug nur ungern entwinden. Mentschi kiefelte an einer Locke Engelshaar und nieste ununterbrochen, weil ihm die feinen, silbrigen Fasern in den Nasenlöchern kitzelten, und Moritz hockte unter dem Tisch und biß immer wieder in das kleine Steckenpferd, das mir meine Freundin Gecksi ein paar Tage vorher geschenkt hatte. Nach dieser ganz und gar mißglückten Baumschmückung beschloß ich, die Tanne »à la nature« zu lassen und nur Kerzen anzustecken.

»Bei diesen Katzen bleiben die Sachen eh nicht oben!« meinte Hans und packte das, was von der Pracht unversehrt übriggeblieben war, wieder in die Schachtel.

*24. Dezember, Mitternacht.* Ich muß noch schnell berichten, was vor vier Stunden geschehen ist. Hans hatte gerade die Platte »Stille Nacht« aufgelegt, da bekam plötzlich auf einem der untersten Äste eine Kerze Schlagseite. Wir bemerkten es natürlich viel später als der kleine Moritz, der mit lustvoll steil aufgestellten Ohren und auf ganz niedrigen Beinen heranschlich, um abwechselnd mit der linken und der rechten Pfote nach den heißen Wachstropfen zu haschen. Dabei kam er der daneben hängenden Wunderkerze zu nah und versengte sich die rechten Barthaare.

»Na, der schaut schön aus!« sagte Hans und nahm ihn auf den Arm.

Moritz bietet jetzt mit seinem einseitigen Bart ein Bild zum Erbarmen.

»Hoffentlich schadet ihm das nicht!« meinte ich. »Denn ich habe irgendwo gelesen, daß der Bart als eine Art Radar funktioniert und für die Fortbewegung des Tieres unerläßlich ist.«

»Ich bitt' dich gar schön, er wird's überleben. Im übrigen ist ihm ja noch ein Fühler geblieben!« gab Hans zu bedenken.

Wir setzten uns dann zum Essen nieder. Es gab, wie immer am Heiligen Abend, Karpfen. Die Katzen hatten sich, vom Fischgeruch angelockt, nebeneinander auf der Sitzbank versammelt. Ich brachte es nicht fertig, sie bis zum Ende unserer Mahlzeit warten zu lassen. Da seufzte Hans: »Z'erst die Katzen, dann der Mann. Zustände sind das!« ...

*7. Jänner.* Heute früh, ich wollte gerade nach Wien fahren, mache ich die Haustür auf und bleibe wie angewurzelt stehen: Vor mir, etwa zwei Meter neben der Eberesche, picken zwei Fasane heftig nach den Sonnenblumenkernen, die vom Vogelhaus, das Hans in Dachhöhe montiert hat, heruntergefallen sind. Natürlich haben sie mich gehört und lugen ängstlich zu mir. Ich rühre mich nicht und entdecke, daß das eine Tier nur auf einem Bein steht und – vom anderen gefüttert wird! Ich glaub', ich träume, schleiche ins Haus zurück, hol' mir eine Fernbrille, deute meinem Mann, sich neben mich zu stellen.

»Der Arme ist angeschossen, schau, sein zweiter Fuß baumelt unter den Bauchfedern!« raunt er mir zu und sagt dann noch leiser: »Unglaublich, der andere füttert ihn!«

»Mein Gott«, sagte ich, »so was müßte man photographieren. Schad, daß ich die Kamera in Wien hab'!«

»Unwichtig!« flüstert mein Mann. »Solche Bilder muß man mit eigenen Augen sehen und im Gedächtnis behalten. Nur die Deppen knipsen ununterbrochen drauflos!«

Natürlich haben die Katzen im Haus gleich Wind gekriegt, daß hier draußen was los ist. Während aber Maxi in ihrem Korb nur flüchtig den Kopf hebt und gleich wieder ihre Nase unter den Schweif steckt, um weiterzuschlafen, kommt Moritz, neugierig, wie junge Katzen nun einmal sind, prompt dahergehoppelt. Bevor ich ihn packen kann, steht er schon vor den beiden Fasanen.

Was dann geschah, klingt wie ein Märchen. Oder – in meinem Fall – wie eine journalistische Übertreibung. Aber ich schwöre alle Eide, daß sich alles wirklich so und nicht anders abgespielt hat. Der verletzte Fasan sträubt angesichts des kleinen Katers die Federn, der gesunde geht sogleich auf ihn los.

Allerdings wird er, da Moritz noch auf Distanz ist, nicht gerade tätlich. Er hackt nur mit seinem Schnabel Löcher in die Luft, als wollte er sagen: »Einen Schritt näher, und du hast Augen gehabt!«

Aber was will man? Moritz, der personifizierte Unverstand, hat offenbar noch keinen Instinkt, wie groß die Gefahr ist. »Moritz«, rufe ich leise. »Moritz!« Und weiß natürlich, daß das ganz umsonst ist. Katzen sind ja keine Hunde. Sie gehen weder aufs Pfeifen noch aufs Rufen. Man könnte mit Engelszungen reden. Wenn ihnen nicht der Sinn danach steht, rühren sie nicht einmal ein Ohrwaschel.

Moritz' Haltung in den folgenden Minuten, sein gesträubtes Fell, die tief angewinkelten Vorderbeine, das zum Abstoßen bereite Hintergestell und seine ausschließlich auf die wippenden Schwanzfedern des hastig fressenden kranken Fasans ausgerichteten Augen sprechen eine deutliche Sprache. Erkühnt er sich vielleicht gar anzugreifen?

Wollen wir die beiden Vögel nicht verscheuchen, müssen wir abwarten, was geschieht. Und es geschieht etwas!

Plötzlich, Moritz ist Zentimeter um Zentimeter näher gerückt, tut der gesunde Fasan einen Luftsprung und hackt den kleinen Kater in den Schweif. Jetzt hat Moritz endlich den Ernst der Situation erkannt. Mit gesträubtem Fell jagt er zwischen meinen Füßen hindurch ins Haus zurück.

»Wir müssen dem Holzmüller sagen, daß wir jetzt mehr Vogelfutter brauchen!« meint Hans kommentarlos, nimmt mich beim Arm, drängt mich ins Vorhaus zurück und schließt die Tür: »Solange die beiden auf unserem Grund sind, müssen wir auf die Katzen aufpassen«, sagt er. »Ich werde mit dem Kührer reden. Ein Jäger ist auch ein Heger. Der wird uns schon sagen, was am besten zu tun ist!« –

# Barbara Rütting
## Viel Lärm um nichts

Die Leidenschaft meiner Mutter Grauchen, Vögel zu fangen, ist ihr zum Verhängnis geworden.

Sie konnte und konnte es nicht lassen. Mindestens drei Vögel fing sie am Tag. Sie rottete allmählich den ganzen Vogelbestand aus. Man hörte kaum noch einen Vogel singen. Nur die Jungen jammerten in ihren Nestern, weil meine Mutter ihre Eltern aufgefressen hatte und sie nun verhungern mußten.

Es kam, wie es kommen mußte. Mutter Grauchen hatte gerade wieder eine fette Amsel erlegt, aber nicht bemerkt, daß der Jäger auf seinem Hochsitz war. Der hatte alles genau mit angesehen. Er lud seine Flinte und schoß Mutter Grauchen tot.

Ich sehe im Prinzip keinen Unterschied darin, ob man einen Vogel fängt oder eine Maus. Nun gut, der Vogel singt, und die Maus piepst. Aber sonst? Eines weiß ich: Fängst du eine Maus, wirst du gelobt – fängst du einen Vogel, riskierst du dein Leben. Das ist die Logik der Menschen. Ich habe mir Mutter Grauchens trauriges Ende sehr zu Herzen genommen. Ich habe mir gesagt:

»Fettucini! Auch wenn es noch so verlockend ist, fang keine Vögel! Sonst endest du wie Mutter Grauchen!«

Aber ach, du grüner Kater! Es ist schon verdammt schwer, sich an seine guten Vorsätze zu halten!

Im Winter stellt Lutz ein Vogelhäuschen unter den Birnbaum, direkt vors Küchenfenster. Er legt Sonnenblumenkerne hinein, und in die Birnbaumzweige hängt er Meisenringe. Liegt viel Schnee, ist dort ein Mordsbetrieb. Meisen in ihren gelben Fräckchen turnen in den Futterringen, Finken und Amseln fliegen aus und ein und – wenn es sehr kalt wird – der rotbäuchige Dompfaff. Manchmal kommen sogar Eichelhäher zu Besuch. Solch ein Kerl füllt das ganze Häuschen aus. Dann wagt sich von den anderen natürlich keiner mehr ran. Der Eichelhäher bleibt stundenlang drin sitzen und spuckt den Kleinen die leergekauten Sonnenblumenkerne auf den Kopf. Beim Frühstück in der Küche muß ich das ganze Spektakel mit ansehen. Ich Unglückskater! Mir läuft das Wasser im Munde zusammen, aber ich kann nicht durch die Scheibe. Und die fressen und fressen und fressen da draußen, in aller Seelenruhe! Mein Schälchen warme Milch ist mir dann auch kein rechter Trost.

Einmal jedoch wartete ich bereits vor dem Frühstück draußen unter dem Vogelhäuschen auf die Feldmaus Emma. Die hält sich oft dort auf und lauert, ob vielleicht ein paar Sonnenblumenkerne für sie runterfallen. Diese Feldmaus Emma lebt schon lange da unter der Zwergkiefer, ich habe sie aber nie erwischen können. Heute soll sie meine Frühstücksmaus sein.

Der Schnee lag so hoch, daß der Abstand zwischen mir und dem Vogelhäuschen nur noch ein Katzensprung war. Ich sah es ganz dicht über mir! Und schon war die Maus Emma vergessen. Damit keiner merken sollte, was in meinem Kopf vorging, schaute ich zum Himmel hoch, als wolle ich nur erkunden, wann es wieder schneien würde. Gleichzeitig aber wetzte ich meine Krallen am Stamm des Vogelhäuschens. Es galt herauszukriegen, ob man an ihm hochklettern konnte. Und tatsächlich, es war nicht aus harter Buche, sondern aus weicher Tanne. So ein Glück!

Ich konnte nicht widerstehen, ich konnte einfach nicht. Es ist, wie wenn man im Sommer unbedingt ein Eis haben muß, unbedingt; und wenn man für das Geld auch eigentlich Schulhefte kaufen sollte – man muß einfach dieses Eis haben. Auch wenn's hinterher Senge gibt. Und ich mußte da rauf, den Stamm hoch, hinein in das Vogelhäuschen.

Meine Krallen sind fabelhaft in Schuß, das kann man sagen. Ich rutschte nur einmal kurz ab, dann hing ich schon am Eingang. Meine Oberarmmuskeln sind auch nicht von schlechten Eltern. Ein Klimmzug – und oben war ich. Nun hab' ich mich erst mal verpustet. Ich war zwar im Vogelhäuschen drin – aber verkehrt rum, ich saß mit dem Kopf zur Rückwand. Mein Hintern guckte vorne raus, und mein Schwanz hing draußen runter. Es war ein sagenhaftes Manöver, mich in der Enge umzudrehen. Ich brauchte mindestens fünf Minuten dafür. In dieser Zeit kam natürlich überhaupt kein Vogel, weil ich soviel Radau machte. Einige hatten mich vielleicht auch reinklettern sehen und den anderen erzählt: »Aus dem Vogelhäuschen hängt ein Katerschwanz!«

Was soll ich euch sagen: Die ganze Strapaze war für die Katz! Denn ehe so eine leckere Meise oder ein Dompfaff sich überhaupt in meine Nähe begab, fingen Barbara und Lutz in der Küche an zu frühstücken, entdeckten mich in dem Vogelhäuschen und schrien Zeter und Mordio!

Lutz klopfte so doll an die Fensterscheibe, daß er sie fast zerklopft hätte.

# Ulrike Piechota
## Katzenweihnacht

Die schwarzweiß gescheckten Kater Knolle und Funzel legten sich behaglich schnurrend unter den Weihnachtsbaum.

»Das war's wieder mal«, sagte Funzel. »Irgendwie bin ich froh, daß es vorbei ist.«

Knolle gähnte ausgiebig. Auch er war nicht undankbar. Morgen war noch der erste Weihnachtsfeiertag zu überstehen, übermorgen der zweite, und danach begann wieder der ganz normale Alltag. Gut, als Katze bekam man zu Weihnachten so manchen Leckerbissen. Aber Ruhe und Ordnung waren den beiden Katern mehr wert als die schnell verschlungenen Truthahnteile, die vom menschlichen Weihnachtsessen für sie abfielen. Von Ruhe und Ordnung aber war heute und an den Tagen davor nichts zu spüren. »Rücksichtslos«, stellte Knolle empört fest, »rücksichtslos putzt die Frau das Haus, gründlich wie nie.«

»Das Parkett hat sie sogar gebohnert.« Funzel schüttelte sich bei dieser Erinnerung. »Bohnerwachs, ein sehr unangenehmer Geruch. Außerdem gefährlich wie Glatteis.«

»Und immer war man ihr nur im Weg«, erinnerte sich Knolle. »Keine Zeit hatte sie für uns, sehr ungemütlich.«

»Und diese unentwegte Backerei, Kocherei und Braterei!« Funzel schüttelte sich zum zweiten Mal. »Dagegen ist ja an sich nichts einzuwenden. Aber mußte deshalb die Küchentür so fest verschlossen werden wie sonst das ganze Jahr über nicht? Küchentüren, aus denen die herrlichsten Düfte strömen, haben für Katzen offen zu sein.« Knolle war der gleichen Meinung. Er sah wenig Sinn in den katzenfeindlichen Maßnahmen, die ausgerechnet zu Weihnachten getroffen wurden.

»Was mag überhaupt der Sinn von Weihnachten sein?« überlegte er. »Putzen, backen, kochen, braten, bohnern, Küchentüren verschließen vielleicht?«

»Nein«, erwiderte Funzel nachdenklich. Nein, mit diesen Tätigkeiten beschäftigen die Menschen sich das ganze Jahr über, wenn auch nicht mit so geballter Kraft wie zu Weihnachten. Er stellte sich vor, etwas ganz Besonderes müßte der Anlaß für Weihnachten sein. Der Baum, unter dem sie sich beide ausgestreckt hatten?

Er musterte die in seinen Augen recht dürre Tanne, deren Nadeln nicht allzu fest saßen. Rüttelte man an einem Zweig, rieselten sie sogleich zur Erde. Und wollte man den Baum gar erklettern wie andere Bäume draußen im Garten, drohte er umzufallen, und die ganze Familie schrie entsetzt auf.

»Unsinnig«, stellte Funzel fest, nachdem er einer in bunten Stanniolpapier eingewickelten Glocke einen Schubs gegeben hatte. Er wußte, spätestens morgen würde diese Glocke abgehängt, ausgewickelt und aufgegessen werden.

Knolle mußte lachen. Wozu die ganze Mühe? Man wickelt etwas mühsam ein, hängt es an einen dürren Baum, um es kurze Zeit später wieder abzuhängen, auszuwickeln und aufzuessen.

Auch nicht eßbare Dinge wickelten die Menschen vor Weihnachten ein, um sie am Heiligen Abend wieder auszuwickeln. Sehr komisch. Er erhob sich und trottete in die Ecke, wo jemand das weihnachtliche Geschenkpapier aufeinandergestapelt hatte. Funzel gesellte sich zu ihm, und gemeinsam durchwühlten sie das Geschenkpapier, zupften es auseinander, verstreuten es im ganzen Zimmer und zerrissen es schließlich in kleine Fetzen.

»Vielleicht ist dieses Papier der Sinn des Weihnachtsfestes?« Funzel jagte hinter einem mit Engel bedruckten Papier hinterher.

»Das kann ich mir nicht vorstellen.« Knolle zerbiß vergnügt ein mit roten Sternen bedrucktes Papierstück. »Dann würden es die Menschen doch nicht so lieblos in die Ecke legen.«

»Auf jeden Fall«, Funzel nickte, »hatten wir beide sehr viel Spaß mit dem Papier.«

Er sah sich um, zu einem neuen Spaß bereit. Kerzen, Glocken, Sterne, holzgeschnitzte Figuren. Man konnte an allem ein wenig rütteln. Warum stellten die Menschen nur all diese merkwürdigen Kleinigkeiten ausgerechnet zu Weihnachten auf? Ärgerlich, weil er keine Antwort auf seine Frage fand, rüttelte er an dem Baum.

»He, du, bist du nun der Sinn des Weihnachtsfestes oder der andere Krimskrams da?« Der Baum schwankte etwas, antwortete aber nicht.

»Noch nicht einmal sprechen kann er«, sagte Funzel verächtlich und spähte hinauf in die Spitze. Hatte sich dort nicht etwas bewegt?

Vielleicht eine Maus.

»Eine Maus, wo?« Schon war Knolle zur Stelle. »Dort oben etwa?« Mit einem Satz sprang er auf den Weihnachtsbaum. Funzel, der die Maus immerhin zuerst gesichtet hatte, sprang hinterher. Auf dem dicksten Ast balgten sie sich um die Maus, sprangen dann von einem Ast zum anderen und stellten fest, die Maus war nur der Schatten eines Kerzenhalters gewesen.

»Nichts wie runter!« rief Funzel, als der Baum sich zur Seite neigte und langsam, ganz langsam umfiel.

»Etwas, was sowenig standfest ist wie dieser Baum«, sagte Knolle, »kann nicht der Sinn des Weihnachtsfestes sein.«

Er stieg auf den Tisch, was tags, wenn die Menschen wach waren, verboten war, und entdeckte dort eine kleine, holzgeschnitzte Figur, die in einer Krippe lag. Vorsichtig zog er die Krallen ein und gab der Figur einen leichten Schubs. Funzel gab ihr einen zweiten Schubs, und irgendwann landete die Figur auf dem Teppich.

Die beiden Kater streckten sich und beschlossen, nun endlich nach draußen auf echte Mäusejagd zu gehen, wie sich das für zwei erwachsene Kater gehörte.

Am nächsten Morgen schlug die Hausfrau entsetzt die Hände über dem Kopf zusammen.

»Da sieht's ja sauber aus!« rief sie. »Der Baum umgefallen, das Geschenkpapier zerfetzt. So ein Unglück!«

Knolle und Funzel mußten sich lautstarke Vorwürfe anhören, während der Baum wieder aufgerichtet und die Papierfetzen aufgesammelt wurden. Die kleine holzgeschnitzte Figur in ihrer Krippe hob der Hausherr auf und legte sie gedankenlos hoch oben auf die Vitrine. Dabei drohte er den Katern mit der Faust. »Ihr solltet aus dem Weihnachtszimmer ausgesperrt werden!«

Aus Angst, der Mann könnte die Drohung wahr machen, sprangen die Kater todesmutig hinauf auf die

Vitrine. Ruhig war es hier oben, sehr ruhig und warm. Und die kleine Figur in der Krippe war auch hier. Dicht kuschelten sich Knolle und Funzel aneinander, nahmen die kleine Figur in ihre Mitte und betrachteten sie eingehend.

»Hätte dich der Mann nicht hier oben abgelegt«, sagte Knolle zu der kleinen Figur, »wären wir nie auf die Idee gekommen, ausgerechnet auf der Vitrine Zuflucht zu suchen. Selbst für uns Katzen, mußt du wissen, ist es nicht einfach, so hoch hinaufzuspringen.«

Die kleine Figur schwieg, aber Knolle hatte auch keine Antwort erwartet. Geduldig wartete er zusammen mit Funzel, bis der Zorn der Menschen da unten verraucht und die Ordnung des Weihnachtszimmers wiederhergestellt war.

Ein wunderschöner Platz war das hier oben.

»Warum haben wir ihn nicht schon längst entdeckt?« wunderte Funzel sich.

Knolle wunderte sich ebenfalls.

»Wenn wir den Baum nicht umgeworfen, das Geschenkpapier nicht zerfetzt und die kleine Figur nicht auf den Teppich geworfen hätten«, überlegte er, »hätte der Mann die kleine Figur niemals hier oben auf die Vitrine gelegt, wo die Menschen sie nicht sehen können. Und dann hätten wir dieses stille Plätzchen hier nie gefunden.« Funzel nickte der kleinen Figur freundlich zu. Sie hatte ihnen den Weg dahin gewiesen, wo die Unruhe und der Zorn der Menschen keine Bedeutung hatten.

»Ab jetzt«, beschloß er, »werden wir immer hierher zu dir kommen, wenn es uns da unten zu bunt wird.«

Vielleicht, so überlegte er stumm weiter, war ja diese kleine Figur der Sinn des Weihnachtsfestes, jedenfalls für sie, die beiden Kater Knolle und Funzel. Das Haus würde wieder schmutzig werden, der Baum würde bald auf dem Müll landen, das Geschenkpapier war schon weggeworfen worden. Nichts würde also von Weihnachten als sichtbares Zeichen bleiben, nur der kleine friedliche Platz hier oben auf der Vitrine neben der kleinen Figur.

Langsam und bedächtig teilte er Knolle das Ergebnis seiner Überlegungen mit.

»Kann schon sein«, sagte der und spähte hinunter zu den Menschen, die trotz der gelungenen Aufräumaktion noch immer nicht zur Ruhe gekommen waren. Sie stöhnten, was noch alles zu tun sei, bis am Mittag die Verwandtschaft zum Essen eintreffen würde. Und überhaupt wäre das Weihnachtsfest ein einziger Streß, der erst morgen seinen Abschluß fände.

»Dumm sind die Menschen«, sagte Knolle kopfschüttelnd. »Rackern sich da unten sinnlos ab und begreifen nicht, wie friedlich und warm es hier oben bei der kleinen Figur ist.« Er zog die Krallen ein und berührte die kleine Figur beinahe zärtlich.

»Dabei sollte man meinen«, Funzel schloß die Augen, »Menschen wären klüger als Katzen.«

»Wenn es um Weihnachten geht«, Knolle gähnte, »offenbar nicht.«

# Renate Fabel

## Schneeballschlacht? – Nein, danke!

Der Plüschbär ist fort, hockt einsam im Schrank. Minnie hat sich für mich entschieden. Jetzt sind wir die allerbesten Freunde. Wenn sie nur nicht dauernd so verrückte Einfälle hätte!

Heute schneit es zum erstenmal in diesem Jahr. Schneeflocken stehe ich zwiespältig gegenüber. Eignen sich auf der einen Seite hervorragend zum Pingpong – andererseits, ewig die nassen Füße und der Ärger mit dem Fell! Ich lecke mir noch mal die Zunge wund dabei.

Minnie ist da anderer Meinung. Wie ein aufgeregter Schmetterling flattert sie in ihrem zitronengelben Anzug hin und her und bombardiert mich mit Schneebällen. Mein Glück, daß kein einziger Schuß trifft. (Die Ungeschicklichkeit hat sie von ihrem Vater.) Trotzdem – der Angriff bringt mich vollkommen durcheinander. Ziemlich entnervt ziehe ich mich in das Wäschefach zurück und wünsche mir nichts als Ruhe. Gerade im Winter braucht eine Dame ihren Schönheitsschlaf.

Weit gefehlt! Minnie, die mir nachspioniert hat, zerrt mich von meinem Stapel Frotteetücher, dreht und biegt mich und ...

# Phyllis Briggs

## Schnurrs Abenteuer

Fauchend vor Wut über die erlittene Demütigung, stürmte der Kater durch den Wald. Er achtete nicht des Weges, noch wußte er, wohin er ging. Die Lust auf ein gutes Nachtmahl war ihm vollständig vergangen. Vergessen war auch die liebevolle Sorgfalt, mit der ihn sein Herr stets umgeben hatte, vergessen das gestrige Abenteuer mit Barry, dem Hund, und die nachträgliche Befreiung aus mißlicher Lage, die er einzig und allein dem Jungen verdankte. Peter hatte ihn geschlagen, und Prügel sind etwas, das eine Katze nicht so leicht vergißt. In des Katers Herz war nur Haß gegen den Jungen und Abscheu für alles, was mit dem Föhrenhaus und seinen Bewohnern zusammenhing.

Doch da auch der ärgste Zorn einmal verraucht, wurde das Tempo von Schnurrs wilder Jagd nach und nach gemäßigter. Plötzlich stand er vor einer Felsspalte, und ohne lang zu überlegen, kroch er hinein. Unbeweglich und mit geschlossenen Augen lag dann der Kater den ganzen Nachmittag in seinem Versteck. Draußen kündigten lange Schatten den herannahenden Abend an. Langsam überkam auch Schnurr ein Gefühl der Ruhe, zugleich verspürte er Hunger. Jenseits der schmalen Öffnung war eine ihm unbekannte Welt, in der es nun galt, etwas Eßbares aufzutreiben. Der Gedanke, in das Föhrenhaus zurückzukehren, erfüllte Schnurr mit Widerwillen. Es war der Ort seiner Schande gewesen, wo Peter ihn bestraft hatte, als sei er ein ungezogenes Kätzchen. Sich behutsam aus der Höhle heraustastend, prägte Schnurr sich die Lage des Versteckes gut ein. Es war notwendig, einen sicheren Unterschlupf zu haben, wenn man nach den Mahlzeiten ruhen wollte. Vorderhand gab es allerdings noch nichts zu essen, und es sah nicht aus, als würde bald etwas Jagdbares daherkommen. Überdies war Schnurr noch immer ein Fremdling in diesen unendlichen Wäldern. Bei jedem Geräusch fuhr er erschrocken zusammen. War es nicht viel wahrscheinlicher, daß er, anstatt Beute zu finden, von einem Stärkeren angefallen werden würde? Mit hängenden Ohren, den Körper so eng an den Boden drückend, daß die dürren Blätter aufrauschten, bewegte sich Schnurr vorwärts. Irgendwo knurrte eine Wölfin im Dickicht. Mit einem gewaltigen Sprung, als sei eine Granate unter ihm geplatzt, machte sich Schnurr davon. Die Wölfin verzog sich, ohne den Kater zu beachten. Schnurr faßte neuen Mut. Jedenfalls gab es hier Geschöpfe, die ihn ebenso fürchteten wie er sie. Diese Erkenntnis erhöhte das Selbstvertrauen, wenn sie auch die Lage nicht wesentlich beeinflußte. Das Zusammenleben mit den Menschen hatte Schnurr viele seiner natürlichen Fähigkeiten beraubt. Noch manches war zu lernen, ehe man den Hunger stillen konnte. Alle Tiere des Waldes jagten oder wurden gejagt. Das unheimliche daran war nur, daß dies alles lautlos geschah, während der Wind in den Bäumen raunte oder Regen vom Himmel fiel.

Schnurr hatte jetzt den Wald verlassen und spazierte am Rande des Hochmoors entlang. Ein Wesen mit elastischen Hufen, einem ungeheuren Schädel, mächtigen Hörnern und wulstigen Lippen graste in einiger Entfernung. Es sah wie ein Pferd aus, hatte aber kein Geschirr, wie es der Kater von der Stadt her kannte. Der zehnjährige Elchbulle, dessen vollentwickeltes Geweih im August fast einen Meter im Durchmesser haben würde, nahm von Schnurr überhaupt keine Notiz. Seine Äsung waren die saftigen Wasserpflanzen des kleinen Flüßchens, das das Moor durchfloß. Ein andauerndes Plätschern und Schlurren verriet, daß der Elchbulle sich das Abendessen gut schmecken ließ.

Schnurr zog es vor, sich unauffällig zurückzuziehen. Langsam gewöhnte er sich jedoch daran, anderen Tieren zu begegnen. Ein Fuchs schnürte im Unterholz, witterte in der Richtung der großen Katze, entschloß sich aber, anderswo nach einer Mahlzeit Umschau zu halten. Ein gutmütiger, alter, brauner Bär, der seinen Hunger an einem Abfallhaufen gestillt hatte, kam dahergetrottet. In weiter Ferne bellte ein Wolf, der das Moor nach einem fliehenden Hasen absuchte.

Bei jedem Geräusch fauchte der Kater bösartig. Immer wieder floh er vor vermeintlichen oder wirklichen Feinden. Am liebsten hätte er das Jagen aufgegeben, aber der Hunger wurde immer größer. Trotzdem dachte das Tier keinen Augenblick daran, zu Peter zurückzukehren. Der Zauber der Wildnis hatte Schnurr ergriffen, hatte Gefühle wachgerufen, die nicht mehr zu unterdrücken waren. Nur zu essen sollte man haben!

Die längste Zeit vertrieb Schnurr sich nun schon ohne Erfolg umher. Da, am Rande einer Lichtung wehte ihm endlich eine wohlbekannte Witterung entgegen. Es roch nach Maus, aber süßer und sauberer als in der Stadt. Schnurr pirschte sich an die Wühlmaus heran, als hinge sein Leben davon ab. Regen fiel jetzt in warmen Schauern nieder, ein Umstand, der Schnurr in seinen Bewegungen hemmte. Daß er seine Beute doch erwischte, hatte er einzig und allein der Unvorsichtigkeit der Maus zu verdanken. Das Tierchen hatte nicht den Warnungsruf seiner Mutter abgewartet, ehe es sich bewegte, und rannte blindlings ins dichte Gras. Die Rispen der hohen Halme schwankten verräterisch und in der nächsten Sekunde hatte Schnurr sein Opfer gefaßt. Es war eine gute Beute, das Fleisch schmeckte vorzüglich, nicht ranzig, wie das der Stadtmäuse, die sich von Abfall nähren. Nichts als das Schwänzchen des Mäusekindes blieb schließlich übrig. Warum Schnurr dieses nicht verzehrte, bleibt ungewiß. Doch setzte er die Jagd auf Leckerbissen fort und erwischte noch zwei Mäuslein. Dann fühlte sich der Kater gesättigt. Seinen Durst löschte er an einer klaren Quelle, die aus einer Felswand hervorsprudelte. Er war nun restlos glücklich.

Diese kleinen Raubzüge waren so recht nach Schnurrs Geschmack. Sie bewiesen, daß er sich auch unter schwierigen Lebensbedingungen zurechtzufinden verstand. Jetzt sollte der Ruhe gepflogen werden, und zwar gleich an Ort und Stelle. Die bis an den Boden reichenden Zweige einer Tanne boten den gewünschten Schutz gegen Regen und Wind. Unter diese verkroch sich der Kater. Behaglich schnurrend lag er da, während um ihn das vielfältige Leben des Waldes pulsierte. Der Ruf des Tauchers klang vom offenen Marschland herüber, irgendwo brach ein Bär auf der Suche nach fetten Maden durch das Unterholz. Wärme und Müdigkeit ließen den Kater bald einschlafen. Der Wind strich sacht über das seidige Fell des ruhig atmenden Tieres.

Nach und nach kam eine seltsame Unruhe über Schnurr. So undeutlich war das Gefühl, daß sich der Kater nicht gleich zurechtfand. Sollte es das volle Bäuchlein sein, das ihn störte? Da, mit einemmal wußte er, was es war. Gefahr drohte ihm, unmittelbare Gefahr! Unter gleichen Umständen wäre ein Hase längst davongejagt, wissend, daß Zögern den Tod bedeutet. Aber der Kater rührte sich nicht, sondern spähte in das Unterholz. Kein Laut drang aus der Finsternis zu ihm, und so ahnte er nicht, daß er sein Leben in einer Weise aufs Spiel setzte, wie man es kein zweites Mal in dieser Bergwelt wagen darf. Schnurr war eben noch zu sehr Neuling in der Wildnis, um alle jene merkwürdigen Empfindungen zu verstehen, die die Menschen beim Tier Instinkt nennen. So wußte er auch jetzt nicht, daß ihn ein hinterlistiger Feind verfolgte.

Zwei winzige Punkte, bald da, bald dort auftauchend, wie eben das Wiesel sich duckte oder hochging, leuchteten aus dem Dunklen. Der kleine Räuber war schon die längste Zeit dieser neuen, vielversprechenden Witterung nachgelaufen. Das würde eine leckere Mahlzeit abgeben! Da erkannte endlich auch Schnurr die Gefahr. Ein heftiges Zittern ergriff ihn, daß er sich kaum weiterbewegen konnte. Wie gebannt blickte er auf die unheimlichen roten Punkte, plötzlich verschwanden sie. – Das Wiesel verbarg sich im dichten Gras – und diesen Augenblick nützte Schnurr zur Flucht. In großen Sprüngen jagte er über das Moor dahin, verfolgt von einem Feind, der ihm nach dem Leben trachtete. Wie harmlos war Barry dagegen gewesen! Ein Hund läßt sich einschüchtern, indem man ihn zum offenen, ehrlichen Kampf stellt. Doch dieses Raubtier da kroch lautlos nach, heftete sich an die Spur, ließ sich weder einschüchtern noch vertreiben.

Nachdem Schnurr ungefähr hundert Meter zurückgelegt hatte, blieb er stehen. Sein Atem ging in kurzen Stößen, seine Flanken zitterten. Um ihn herum war tiefster Friede. Da ... da ... blitzten sie wieder, diese unheimlichen Lichter! Schnurr miaute jämmerlich, als diese Augen immer näher und näher kamen. Doch der erste Schreck war vorbei, der Kater rannte nicht mehr blindlings davon, sondern auf die Felsen zu, die ihm Deckung gewähren würden. Dort wartete er, und das war sein Fehler. Ein Glück nur, daß ihn ein Wiesel jagte und nicht ein Wolf! Schnurr wäre verloren gewesen in seiner Sucht, mit dem Feind kämpfen zu wollen. Im Wald kommt es eben darauf an, seinen Gegner zu überlisten, eine Kunst, die der Kater noch nicht genügend beherrschte.

Die Hinterbeine fest an den Boden pressend, bereitete sich Schnurr zum Sprung vor. Sein Herz klopfte unregelmäßig, als die roten Punkte neuerlich auftauchten. Näher und näher kam das kleine Biest. Schon vernahm man leises Rascheln im dürren Laub... Schnurr konnte nicht länger an sich halten, er sprang aus der Deckung und schlug mit der Pfote zu. Aber er hatte sich verrechnet. Der Gegner wich behend aus, indem er direkt an Schnurr vorbeisprang. Damit war aber ein Angriff von der Flanke aus gegeben. In der nächsten Sekunde saß der Wildling dem Kater im Nacken und saugte sich an ihm fest wie ein Blutegel.

Das Wiesel hatte diese Art des Angriffs unzählige Male angewendet und dabei so manchen Hasen besiegt, der zumeist aus Angst wie toll dahinschoß, um endlich kraftlos zusammenzubrechen. Aber Schnurr blieb geistesgegenwärtig, und es zeigte sich, daß nicht nur er Irrtümer beging. Diesmal war es das Wiesel, das daran glauben mußte. Der Kater wehrte sich verzweifelt. Obwohl er seinen Angreifer nicht beißen konnte, so hatte er doch die Pfoten frei und bearbeitete den kleinen Blutsauger mit den Krallen, daß dieser vor Schmerz schrie. Ein furchtbares Ringen begann zwischen den beiden Tieren. Sie kollerten ins Gras, und die sehnigen Körper fest aneinandergepreßt, kämpfte jedes um sein Leben. Aber Schnurr blieb Sieger. Bewegungslos lag das Wiesel endlich vor dem Kater, der einen Triumphgesang anstimmte. Kein Elch nach einer kampfdurchtobten Herbstnacht, wenn die Bullen um die Vorherrschaft im Revier kämpfen, hätte stolzer auf seinen Sieg sein können als Schnurr. Todmüde kroch er in eine Felsenhöhle zurück und träumte, auf der Erde liegend, von künftigen Heldentaten. Peter war vollkommen vergessen.

Der Wildkatze, Kater Schnurrs Schritt war nun weich und lautlos geworden wie der des Iltis. Er verstand es, sich vor dem Feind zu tarnen, daß dieser nicht einmal die grünen Augen wahrzunehmen vermochte; und wer behauptete, das Anspringen sei kein Hochgenuß, der verstand eben nichts von den Gefühlen eines wilden Katers.

Natürlich gab es immer wieder Rückfälle, wie damals, als der Wolf ihn verfolgte und er ins offene Land flüchtete, anstatt auf einen Baum zu klettern. Aber bei jedem Fehler, den Schnurr beging, lernte er zu. Schon lange fürchtete der Kater das blutgierige Wiesel nicht mehr; er kannte zumindest fünfzig verschiedene Arten, es zu jagen, so daß mancher dieser kleinen Räuber wünschte, er wäre dem Kater nie in die Quere gekommen.

Nur eines vermißte Schnurr: Bewunderung für seine neuen Fähigkeiten. Denn wenn der Kater auch wild tat, im Grunde war er doch eine Schmeichelkatze und brauchte jemanden, der ihn verwöhnte. Manchmal empfand Schnurr direkt Sehnsucht nach Peter und diese trieb ihn oft in die Nähe des Föhrenhauses. Der Junge ahnte ja nicht, daß sein Liebling ihm beim Holzfällen zusah, sich seelenruhig Pfoten und Fell säuberte, während er sich plagte. Aber wenn Schnurr den Ruf seines Herrn auch vernommen hätte, gekommen wäre er nicht. Der Kater hätte höchstens mit der Säuberung einen Augenblick lang ausgesetzt.

Eines Tages im Frühsommer spürte Barry den Kater auf. Schnurr war ein wenig nachlässig gewesen, denn er hatte eben einen harten Kampf mit einer Eule ausgefochten, als er plötzlich dem Hund gegenüberstand, der ihn übrigens sofort verbellte, daß es in den Wäldern widerhallte. Ach, einmal sich so recht in diesen unausstehlichen Kater verbeißen zu können, das wäre nach Barrys Geschmack gewesen. Der Hund näherte sich einem Wacholderbusch, unter dessen Zweigen Schnurr gemächlich lag. Der Kater sah Barry völlig gleichgültig entgegen. Längst hatte er gelernt, daß man bei einem Feind, den man einschüchtern will, Gleichmut bewahren muß. Barry blieb stehen und machte ein dummes Gesicht. Die Vorderbeine flach auf den Boden gepreßt, die hinteren hochgestellt, erweckte der Hund eher den Eindruck, als mache er vor Schnurr eine Verbeugung. Doch auch ein neuerliches Verbellen ließ den Kater ungerührt. Barry wurde verlegen. Was macht man mit einem Feind, der keine Furcht zeigt, sondern einen immer nur anstarrt? Ein drittes Mal versuchte der Hund Schnurr durch heftiges Bellen zu beeindrucken. Der Kater gähnte gelangweilt, als wollte er sagen: Was soll der zwecklose Lärm? Willst du kämpfen, dann komm heran. Mir soll es recht sein.

Eine Weile saßen sie einander gegenüber. Barry begann vor Ungeduld und Aufregung zu keuchen, wobei sein ganzer Körper zitterte. Der Kater grinste. Wozu verschwendete dieser Hund soviel Kraft? Ausgesprochen dumm von ihm. Bedächtig ließ Schnurr die Zunge über seinen Rücken gleiten. Man würde ja sehen, was dieses bellende Geschöpf vorhatte.

Mittlerweile war Barrys Haltung beinahe demütig geworden. Bewundernd sah er auf den Kater, dessen Fell wie poliertes Ebenholz glänzte. Und weil Hunde gern alles nachmachen, ließ Barry sich auf seine Hinterbeine nieder und leckte an einer kleinen Wunde, die er sich beim Durchkriechen eines Strauches wilder Rosen gerissen hatte. Schnurrs Ohren zuckten. Ein Gefühl der Überlegenheit überkam ihn. Er hatte gewonnen, hatte Barry kampflos besiegt.

Wie ungeschickt der Hund doch seine Wunde behandelte! Die Zunge streifte dabei den Boden und brachte Sand in das offene Bein. Sand drang auch in Barrys Schnauze, zwischen die elfenbeinweißen Zähne und dadurch neuerdings an die entzündete Stelle.

Der Kater streckte sich mit besonderer Sorgfalt, machte einige Schritte auf Barry zu, dessen Kampfgeist augenblicklich völlig erlahmt war. Nur das schmerzende Bein war wichtig. Immer näher kam Schnurr an den Hund heran. Was willst du? schien dieser zu fragen. Schnurrs Annäherung war Barry nicht ganz geheuer, er wußte nicht, was er davon halten sollte. Also wendete er sich wieder seiner Wunde zu. In die gutmütigen Hundeaugen kam ein Blick vollkommener Hilflosigkeit. Immer mehr näherte sich Schnurr, und wenn der Kater jetzt fauchte, geschah dies mehr aus Gewohnheit. Auch Barrys Knurren war nicht echt. Einige Minuten vergingen. Der wilde Kater besah sich die Zehen seines Gegners, als wollte er seine Stärke einschätzen, dann, als Barry neuerdings seine Wunde zu lecken begann, beteiligte sich auch der Kater an der Reinigung. Sein warmes, geübtes Zünglein glitt wohltuend über den schmerzenden Riß, um den schon die Fliegen surrten. Barry seufzte tief auf, dann legte er sich zurück und ließ den barmherzigen Helfer gewähren. Was die zwei miteinander sprachen, wird immer ein Geheimnis bleiben, weil wir Menschen nicht die Gabe besitzen, die Sprache der Tiere zu verstehen. Aber es muß wohl Freundliches gewesen sein, denn das weitere Verhalten bewies, daß Barry und Schnurr von nun an gesonnen waren, Frieden zu halten.

Als sich die neuen Freunde endlich trennten, befand sich Schnurr direkt in gehobener Stimmung. Dieser letzte, kampflose Sieg dünkte ihn der schönste. Wäre sein Schwänzchen länger gewesen, es hätte wie eine Lanze ausgesehen, so kerzengerade ragte es in die Höhe. Wenn jetzt selbst ein Elch dahergekommen wäre, Schnurr hätte es mit ihm aufgenommen.

In überquellender Lebensfreude wanderte der Kater über die Grenze des Föhrenkammbesitzes hinaus. Nicht, daß große Entfernungen Schnurr etwas ausmachten. Im Gegenteil, er hatte gelernt, weite Strecken zurückzulegen, und lief munter dahin. Gegen Abend erreichte er die nächste Siedlung.

Die Kater umkreiste die Hütten und Miststätten und gelangte endlich zu einem Haus, in dessen Fenster eine zierliche weiße Kätzin, kaum den Kinderjahren entwachsen, saß. Sie hatte Schnurr bereits herankommen gesehen und beobachtete ihn nun voll Interesse. Der schöne schwarze Kerl gefiel ihr außerordentlich. Kein Schloßfräulein hätte an ihrem Ritter mehr Gefallen finden können als Kaja an Schnurr.

Der war aber wirklich ein stattlicher Bursche. Sein ebenholzschwarzes Fell glänzte in der Abendsonne. Er hatte Muskeln wie Stahl und den federnden Gang eines Raubtieres.

Jetzt ließ er seinen Ruf erschallen, was in der Katzensprache ungefähr »Guten Abend, mein schönes Fräulein, haben Sie Lust, zu plaudern?« bedeutet, und die weiße Mieze gab allergnädigst ihre Zustimmung durch ein leichtes Miauen zu erkennen. Sie wollte schon ihren Rittersmann begrüßen, als eine wütende Stimme sich aus dem Innern der Hütte vernehmen ließ: »Mach, daß du fortkommst, du häßliches, altes Biest! (das galt Schnurr). Miaust da um die Hütte herum, daß es einem auf die Nerven geht! Und du bist still, Kaja! Du solltest dich schämen, so vorlaut zu sein!« Die alte Frau schlug energisch die Tür zu und eine Zeitlang mußte Schnurrs Werbung unterbleiben.

Doch das Schicksal meinte es auch jetzt wieder gut mit dem Kater, denn gerade kehrte Jans Daniels heim und stampfte in seinen Schlafraum. Für den Bruchteil einer Sekunde stand die Eingangstür offen, und diese Zeitspanne benützte Kaja, um hinauszuschlüpfen.

Kaum wurde sie jedoch Schnurrs ansichtig, als sie sehr zurückhaltend tat. Dieser fremde Kater sollte nur nicht glauben, daß er der Herr dieser Wälder war, die sie als Königin beherrschte. Leichtfüßig stieg sie über die zahlreichen Unebenheiten des Bodens dahin, sah bald nach rechts, bald nach links. Nur Schnurr blickte sie nicht an. Das wäre gegen die Spielregeln gewesen.

Der wilde Kater lugte in stiller Bewunderung hinter einem Busch hervor. Kajas weißes Fell, ihre großen gelben Augen dünkten ihm wunderschön. Und erst der herrliche Schwanz! Was für ein armseliges Stümpfchen war der seinige dagegen. Schnurr näherte sich demütig seiner Angebeteten. Er sprach zu ihr in sanften Tönen, und sie hörte ihm andächtig zu.

Dann, als hätte sie plötzlich genug, ließ sie Schnurr stehen und stolzierte um die Hütte herum. Doch der Kater folgte ihr. Wenn sie rastete, ließ er sich anbetend neben ihr nieder. Dieses Spiel machte beiden Spaß, und sie setzten es so lange fort, bis die alte Frau wieder vor der Tür erschien. Einen Pantoffel in der Hand, zielte sie nach Schnurr. Doch der war geschwinder als sie. Mit einem Sprung verschwand er im Dickicht. Als es wieder still geworden war, kroch der Kater hervor, und die beiden jungen Tiere spielten noch lange im milden Schein der nordischen Sommernacht.

Zwei Tage später trug sich dann das denkwürdige Ereignis zu, das Kaja endgültig an Schnurr band. Das Katzenfräulein schlief in der Sonne, und wie es sich gehörte, bewachte der Kater ihren Schlummer. Mit einemmal strolchte ein riesiger Kerl heran. Sein gelbes Fell funkelte in der Sonne, die Ohren hatte er zurückgelegt, die Hinterbeine waren steif, als seien sie aus Holz. Je näher der andere Kater kam, um so steiler richteten sich Schnurrs Haare in die Höhe. Er streckte seine Beine und begann jenen merkwürdigen, aber für den Gegner höchst gefährlichen Tanz, der nichts anderes als ein Flankenangriff ist.

Kaja leckte ihr Mäulchen, hockte sich auf ihre winzigen Vorderpfoten und betrachtete voller Bewunderung die beiden Kämpfer. Der gelbe Kater hatte seine Schritte verlangsamt, dagegen begann er zu jaulen. Schnurr fühlte sich in bester Form und seinem Widersacher durchaus gewachsen, obschon es gewiß kein leichter Sieg werden würde, denn der Gelbe war von der Art, die sich eher in Stücke reißen läßt, bevor sie nachgibt. Das Jaulen verstärkte sich, wurde zum Geheul. Die Gegner kamen einander immer näher. Dann, mit einem durchdringenden Schrei, holte Schnurr zum ersten Schlag aus. Der gelbe Kater ging nun seinerseits los. Es waren nicht zahme Püffe, die die beiden austeilten. Die scharfen Krallen rissen das Fell stückweise heraus, bohren sich in das Fleisch.

Der Kampf ging nach ganz bestimmten Regeln vor sich. Die beiden Raufer hockten einander gegenüber und hieben abwechselnd der eine auf den andern ein. War Schnurr an der Reihe, so schloß der gelbe Kater die Augen und erwartete scheinbar gleichgültig den Hieb, den er aber dann um so heftiger zurückgab. Das ging alles so schnell vonstatten, daß ein menschliches Auge dem Zweikampf kaum zu folgen imstande war. Die Schlacht ging der Entscheidung entgegen. Rund um den Kampfplatz lagen schwarze und gelbe Fellfetzchen verstreut oder klebten zwischen den Pfoten der Kämpfer. Schließlich mußte der gelbe Kater weichen. Er jaulte gottsjämmerlich und riß aus. Doch Schnurr war hinter ihm her, umklammerte seinen Gegner, warf ihn zu Boden. Jetzt kämpften sie wie toll, Körper an Körper gepreßt. Sie rollten gegen die Wand der Hütte, in der Daniels wohnte. Das furchtbare Schreien der Wütenden brachte die alte Frau zur Tür. Sie kam eben zurecht, um Schnurrs Endsieg beizuwohnen. Der Gelbe machte sich Schnurrs augenblickliche Ablenkung zunutze und schoß davon, so rasch ihn seine müden Beine tragen konnten. Doch auch für Schnurr war es an der Zeit, das Weite zu suchen, ehe die Alte zu einem mit Wasser gefüllten Eimer griff. Vorher sagte der wilde Kater aber noch rasch etwas zu Kaja. Es mußte ein Zauberwort gewesen sein, die Aufforderung, ihm zu folgen und sein Jägerleben zu teilen. Das weiße Kätzchen konnte gerade noch dem Zugriff der alten

Frau entgehen, dann lief es Schnurr nach in den Wald. »Dieser verdammte schwarze Teufel«, zeterte die Alte hinter ihm her. »Jetzt wird der Fuchs Kaja erwischen, so wie es bei Minna, Gerda und Anna geschah. Aber das weiß ich, so ein Biest von einem Kater kommt mir nicht mehr in die Nähe.« Die Tür flog ins Schloß, daß die Balken krachten und der gelbe Staub des Hausschwammes durch die Oberschwelle rieselte.

Der Kater schlich unbemerkt an den arbeitenden Männern vorüber und hielt eifrig nach Eßbarem Umschau. Zu diesem Zweck kletterte er auf eine windgebeugte Föhre und lugte ins Land. Wirklich unerhört von Kaja, ihn allein zu lassen! Weit und breit zeigte sich kein jagdbares Wild. Es war noch zu hell. Erst bei schwindendem Tageslicht regte es sich im Wald.

Im Dämmerschein in der Ferne am Uferrand erspähte er Fischotter. Wie lauert dieser Mörder dort auf sein Opfer, solange der Fischotter etwas Lebendes im Wasser erblickt, greift er zu, seien es Fische, Frösche, Wasserratten oder Schwäne.

Schnurr schlummerte ein wenig. Mit einemmal schien es ihm, als sei die Luft durch einen seltsamen Ton erschüttert worden. Der Kater öffnete die Augen und blickte um sich. Auf einem tiefgelegenen Zweig hatte sich eine Krähe niedergelassen und sah schreckerstarrt ins Weite.

Das war wieder einmal ein fetter Bissen! Schnurr bereitete sich zum Sprung vor. Die Krähe aber sah unentwegt in das helle Blau des nordischen Sommerhimmels. Der Adler, der sie verfolgt hatte und vor dem sie sich nun in Sicherheit wähnte, zog seine Kreise über dem Moor. Heute würde es keinen Krähenbraten in seinem Horst geben.

Der Kater wußte nichts von der Anwesenheit eines Adlers, er war ganz in den Anblick der Krähe versunken. Jung war sie und unerfahren und daher leicht zu erwischen. »Krah«, rief das dumme Ding jetzt auch noch, damit man ja nicht auf sie vergesse. Ein Sprung, und Vogel und Katze fielen zu Boden. Schnurr spuckte ein paarmal aus, irgendwie war Erde in sein Mäulchen geraten. Dann stellte er mit Befriedigung fest, daß alle seine Glieder heil geblieben waren. Ein paar Schritte von ihm entfernt lag die Krähe. Sie hatte sich beim Sturz das Genick gebrochen.

Der Kater betastete und beroch seine Beute, dann nahm er das reglose Ding zwischen die Zähne und trabte fort. Die Krähe hatte ein ansehnliches Gewicht und erwies sich als unangenehme Bürde. Indem Schnurr den Kopf hoch hielt und fest auftrat, war es ihm möglich, vorwärts zu kommen. Sein Hals schmerzte ihn, und er atmete schwer.

Den schwarzen Punkt, der über den Wolken schwebte, konnte er nicht wahrnehmen. Aber er sah ihn auch dann nicht, als der Punkt sich rasch vergrößerte. Erst das Rauschen der mächtigen Schwingen ließ Schnurr die unmittelbare Gefahr erkennen, in der er sich befand. Sofort entledigte er sich seiner Beute und stellte sich dem unbekannten Gegner. Dieses riesige Gefieder da schien es auf ihn abgesehen zu haben. Schnurr, der gefürchtete Jäger der Waldvögel, hatte bisher keine Ahnung von diesem Raubvogel gehabt. Majestätisch schwebte der Adler über dem Moor. Trotz seines ungeheuren Umfanges, die Spannweite seiner Flügel mochte gut drei Meter messen, schien er vollkommen gewichtslos zu sein. Der Anblick des Königs der Lüfte wirkte so furchterregend auf Schnurr, daß er die Flucht ergriff. Unter dem Wurzelgewirr einer vom Wind gefällten Tanne fand der Kater Schutz. Doch noch immer sauste es in den Lüften, als würden tausend Decken entfaltet werden.

Von seinem Versteck aus beobachtete Schnurr scharf, was vorging. Sein Kinn zitterte, halb aus Furcht, halb aus Hunger, denn er hatte heute noch nichts gefressen. Plötzlich hatte der Adler seine verloren geglaubte Beute entdeckt. Ein kräftiges Flügelschlagen, und er landete vor der toten Krähe. Da wurde Schnurr toll. Die Beute, das gute, fette Essen, das er Kaja zugedacht hatte, sollte ihm von dem andern weggeschnappt werden? Aus seinem Versteck hervorstürzend, fiel der Kater den Raubvogel an. Glaubte er, dem Adler die Krähe entreißen zu können, oder wollte er vielleicht Kaja mit einem Adler als Beute aufwarten?

Jedenfalls griff Schnurr in dem Augenblick nach der Krähe, als sich der Raubvogel erhob, und so wurde der Kater mit dieser zugleich in die Lüfte entführt. Das Gefühl des Aufsteigens war scheußlich. Die Bäume schrumpften ein, wurden seltsam flach, der Boden drehte sich mit schwindelerregender Schnelligkeit von Schnurr weg. Des Adlers unfreiwilliger Passagier jaulte vor Entsetzen und krallte sich fester in seinen Entführer. Würde er je wieder zur Erde zurückkommen, seine Höhle und Kaja wiedersehen?

Wenn der Kater schon Qualen ausstand, so waren sie nichts gegen die, die der Adler fühlte. Der hatte die Krähe für tot gehalten, und nun krallte sich etwas in sein Fleisch, hängte sich an ihn, daß er kaum fliegen konnte. Der große Vogel versuchte verzweifelt, dieses schreckliche Ding loszuwerden, das unkrähenhafte Heultöne von sich gab. Schließlich gelang es ihm auch, die Last abzuwerfen. Dadurch verlor der Kater seinen Halt und stürzte mit ab. Pfeilschnell sauste er durch die Luft, sich dauernd überschlagend, direkt auf die Baumkronen des Waldes zu. Krachend brach er durch die Zweige einer mächtigen Föhre und – landete – welch Zufall – aufrecht auf dem Körper der Krähe, welchem Umstand Schnurr wahrscheinlich sein Leben verdachte. Doch seine Eigengeschwindigkeit war so groß, daß er vornüber fiel und mit dem Kopf im Sand aufschlug. Eine Wolke weißen Staubes wirbelte auf. Dann rührte sich eine Weile lang nichts.

Hoch oben in den Lüften segelte der Adler. Der starke Blutverlust, den der König der Vögel anfangs gar nicht spürte, hatte ihn derart geschwächt, daß er sich nicht lange würde mehr halten können. Schon begann der mächtige Vogel abzusinken, er zog immer engere Kreise, schließlich schlug er auf die Erde hin. Hilflos lag der kühne Räuber da, seine Augen glühten wie Feuerbälle. Trotz seiner schweren Verletzungen war er noch immer ein gefährlicher Feind.

Langsam kam Schnurr zu sich. Anfangs wunderte er sich, was mit seiner Nase geschehen war. Wie ein hoher Berg türmte es sich vor seinen Augen auf und behinderte die Sicht. Den Berg mit der Zunge zu lecken erwies sich als unmöglich. Wenn Schnurr seinen Kopf auch nur ein ganz wenig bewegte, war es ihm, als bohrten sich tausend Nadeln in sein Gehirn. Da bemerkte der Kater, daß auch sein Entführer nicht unweit zu Fall gekommen war. Der Adler drehte den Kopf hin und her, der furchtbare Schnabel schloß und öffnete sich wie im Krampf. Ein unbeschreibliches Glücksgefühl ergriff Schnurr. Er, ein Fremder in diesen Regionen, hatte mit diesem geflügelten Ungeheuer gekämpft und es besiegt. Diese Gewißheit versetzte den wilden Karter in einen Rauschzustand. Unter der schützenden Föhre hervorschießend, schlug er mit seinen Krallen grimmig auf den Vogel ein. Damit hätte Schnurr eine Drossel, aber niemals einen Adler erlegen können.

Trotz seiner schweren Verletzungen sandte dieser den Kater heulend ins Gebüsch. Schnurr hatte schon mancherlei Getier gejagt, aber noch nie hatte er sich an eine Beute von solchem Ausmaß herangewagt. Zweimal versuchte er noch dem großen Vogel beizukommen, und jedesmal warf ihn dieser zurück. Endlich, beim viertenmal, kam es zu einem furchtbaren Nahkampf, in desen Verlauf Schnurr ganze Arbeit verrichtete. Der Beherrscher der Lüfte hatte zu atmen aufgehört.

Des Katers Stolz kannte keine Grenzen. Gern hätte er den großen Vogel nach seiner Höhle abgeschleppt, doch das Gewicht allein machte das Vorhaben zunichte. Aber jedes Tier, an dem Kadaver vorüberkommend, würde an der Witterung erkennen, wer Sieger über den Adler geblieben war.

Schnurr kehrte nun zu der Krähe zurück. Zusammenhanglos dachte er plötzlich an Peter, und wie seltsam es wäre, würde der Junge jetzt zwischen den Bäumen erscheinen. Vielleicht würde Peter lieb zu ihm sein und ihn streicheln. Der Kater war schon lange nicht gestreichelt worden und sehnte sich nach einer Liebkosung. Doch die Anwandlung verging so rasch, wie sie gekommen war. Der Kater hatte auch wirklich an andere Dinge zu denken. Es zeigte sich, daß selbst der Abtransport der Krähe keine leichte Sache war, wenn man eine geschwollene Nase hat. Nur mit Mühe gelang es Schnurr, die Beute zu fassen. Zwei volle Stunden vergingen, ehe er die Höhle erreicht hatte.

Angekommen, ließ Schnurr den Vogel beim Eingang fallen und guckte in das Versteck hinein. Zwei blasse Halbmonde leuchteten ihm entgegen. »Komm heraus und schau, was ich dir mitgebracht habe«, so ungefähr dürfte die Einladung gelautet haben, die Schnurr seiner Frau übermittelte. Doch Kaja schien nicht von ihr Gebrauch machen zu wollen. Sie rührte sich nicht. Schnurr fuhr fort, seine weiße Mieze zu locken, doch diese sah ihren Katzenmann gar nicht an. Warum blieb Kaja unentwegt in der Höhle, anstatt herauszukommen und die fette Krähe zu bewundern? Schließlich hatte Schnurr einen heldenhaften Kampf dafür gekämpft und verlangte zumindest Anerkennung seiner Leistung. Der Kater begann jämmerlich zu miauen. Als Antwort drang ein tiefer, zärtlicher Ton aus dem Innern der Behausung zu ihm. Kajas Stimme klang glückerfüllt, wenn auch ein wenig schläfrig. Und plötzlich vernahm Schnurr noch weitere Stimmchen, die viel eher ganz schwach einem Pfeifen glichen. Der Kater horchte auf. Es war natürlich nicht das erstemal, daß Schnurr Vater geworden war, doch diesmal nahm er an seinen Kindern Anteil. Er mußte Kaja zeigen, wie lieb er sie hatte. Also schob er mit seiner schmerzenden Nase die Krähe in die Höhle und ließ dabei ein zufriedenes Schnurren hören. Doch Kaja, die keinen Hunger hatte, wendete sich von dem Kadaver ab. Schnurr, unglücklich über die Ablehnung, versuchte es neuerdings, indem er den Vogel noch näher an Kaja heranbrachte. Die junge Katzenmutter fühlte einen Stich in den Rippen, als eine der harten Kielfedern sie berührte. Schnurr bekam eine kräftige Ablehnung. Daraufhin zog sich der neugebackene Vater zurück und bezog seinen Posten am Eingang der Höhle. Anscheinend wünschte Kaja nicht gestört zu werden. Der Kater streckte sich vor der Felsspalte aus. Ein Versuch, das Gesicht zu waschen, mißlang vollkommen. Die Nase war und blieb eine schmerzliche Angelegenheit. Überdies war Schnurr ganz furchtbar müde.

Als die Nacht hereinbrach, schlief Schnurr noch immer. Im Innern der Höhle miauten dünne Stimmchen, als Kaja ihre vier winzigen Katzenkinder leckte und nährte.

In den nächsten Wochen unternahm Schnurr keine größeren Spaziergänge, sondern beschränkte seine Jagdgelüste auf die unmittelbare Umgebung. Dann und wann schlüpften auch die Kleinen aus dem sicheren Versteck und ergötzten sich an der wärmenden Sonne und dem weichen Boden des Waldes.

Schnurr gebärdete sich wie toll. Er spielte mit den Kätzchen, mimte den gefährlichen Feind, berührte aber die kleinen Dingerchen so zart, daß selbst Kaja es nicht hätte besser machen können. Anfangs hatte die fürsorgliche Katzenmutter dem Treiben ängstlich zugesehen, doch mit der Zeit lernte sie Schnurr zu vertrauen. Er wurde schließlich so geschickt im Heimtragen der Kleinen, daß sie ihm diese Arbeit allein überließ. In den ersten Wochen lehnten die jungen Katzen all die guten Fleischbissen ab, die Schnurr erjagte. Doch dauerte dieser Zustand nicht allzulange. Bald erlernten sie das Mäusefangen. Kaja lehrte die Kleinen, wie man das Fleisch von den Knochen reißt und wie man es richtig hinunterschlingt. So verbrachte die Katzenfamilie den Sommer. Ein Tag war wärmer und schöner als der folgende, und zu essen gab es mehr als genug.

Was Schnurr nicht wußte, war, daß der Sommer in diesen Breiten nur von kurzer Dauer ist, und die trüben, kalten Monate des nordischen Winters hereinrückten. Solange der Kater in London gelebt hatte, bedeutete der Winter nichts weiter als eine Zeit, während der es häufiger als sonst regnete. In der schwedischen Küstenstadt hatte Schnurr nie das Zimmer verlassen, war also auch dort mit Schnee und Eis nicht in Berührung gekommen. Auch jetzt noch, wenn die Abende empfindlich kühl wurden, rollte sich Schnurr in der Höhle nur enger zusammen, in der festen Überzeugung, morgen werde die Sonne wieder scheinen. Das schöne Herbstwetter bestärkte ihn in diesem Glauben. Doch mit jedem Tag ging die Sonne später auf und verschwand früher hinter dem Horizont.

Der Kater beachtete natürlich diese Vorgänge nicht. An sein früheres Leben erinnerte ihn nur die immer wiederkehrende Sehnsucht nach Peter. Der Junge war der erste gewesen, der ihm Gutes erwiesen hatte. Öfter als früher trieb es Schnurr in die Nähe des Hauses am Föhrenkamm, teils um mit Barry zu spielen, der nun zu seinen besten Freunden zählte, teils jedoch um zu sehen, wie es Peter ging.

Einer seltsamen Empfindung gehorchend, ließ der Kater seine Gefährtin Kaja unvermutet stehen und machte sich auf den Weg zum Föhrenkamm. Er wollte mit Barry spielen, fand aber den Hund nicht vor, sondern nur einen Knochen, den dieser von seinem Mittagsmahl übriggelassen hatte. Der Kater wollte sich eben an diesem restlichen Mahl erfreuen, als Barry herantrottete. »Du kleiner Lump, du«, rief der Hund dem Dieb von weitem zu. Doch beide ließen sich in keiner Weise stören. Sie spielten eine Weile miteinander, dann trabten sie gemeinsam, wie so oft zuvor, in den Wald. Heute jedoch spürte Barry mit dem sicheren Gefühl, das Tiere für kommende Ereignisse haben, daß etwas geschehen werde. Zu wiederholten Malen hob der Hund prüfend den Kopf und witterte. Ja, irgendwo mußte sich ein Unglück zugetragen haben.

Auch Schnurr ergriff jetzte eine würgende Angst, die ihm die Kehle zuschnürte. Mit einemmal wurde der Himmel rauchgeschwärzt. Rauch stieg aus verkohltem Holz auf, lag in dünnen Schwaden über der verbrannten Heide. Schnurr und Barry hatten die Stelle erreicht, an der der Brand entstanden war. Gespenstisch nahmen sich die beiden Tiere in der zerstörten Landschaft aus. Eine halbe Meile von ihnen entfernt tobte eine furchtbare Feuersbrunst, und mitten drinnen in diesem Flammenmeer befanden sich die vier Kätzchen. Freilich würde die Höhle vorderhand die Kleinen vor dem Äußersten bewahren, doch wie lange konnte sie ihnen Schutz bieten gegen die brausende Flammenbrandung?

Mit einem Sprung war Schnurr in der düster glühenden Dämmerung verschwunden. Er raste über den glutheißen Waldboden dahin. Was machte es ihm aus, daß seine Pfoten schmerzten, daß die Hitze sein Fell versengte? Die Kraft, die schon manche Katzenmutter in ein brennendes Haus getrieben hatte, um ihre samtweichen Kinderchen zu retten, drängte jetzt Schnurr vorwärts.

Barry, durch das plötzliche Davonschießen seines Freundes närrisch geworden, rannte am Rande des brennenden Waldes hin und her und verbellte die Katastrophe, bis er heiser wurde. Doch als Antwort kam nur das Prasseln der Flammen und das Krachen der stürzenden Bäume.

Indessen setzte Schnurr seinen verzweifelten Wettlauf mit dem Feuer fort. Der Kater rannte bereits über brennenden Grund. Schwer legte sich der Rauch auf seine Lunge, sein Atem ging in unregelmäßigen Stößen. Kam denn der Felsen noch immer nicht in Sicht? Oder hatte Schnurr den Weg verfehlt? Alle

Landmarken, die sonst als Wegweiser dienten, waren verschwunden.

Plötzlich tauchte inmitten dichter Rauchschwaden, nur einige Meter von Schnurr entfernt, die Höhle auf. Die Fichte, die am Eingang stand, war eine einzige Feuersäule geworden.

Blindlings stürzte der Kater in die Loderhölle hinein. Er mußte die Kleinen retten oder mit ihnen in den Flammen untergehen.

Die Rettung kam keine Minute zu früh. Wimmernd krochen die Kätzchen auf Schnurr zu. Das nächste ergreifend, rannte der Kater davon. Sein Herz pochte wie toll. Endlos erschien ihm der Weg in die Sicherheit zu sein.

Taumelnd vor Anstrengung und beinahe blind geworden von dem schwelenden Dunst des Brandes, erreichte Schnurr endlich die Lichtung. Barry hatte seinen Freund schon von weitem gesehen. Jetzt begriff der Hund, warum der Kater die Gefahren des brennenden Waldes auf sich genommen hatte, und lief ihm entgegen. »Gib mir das Kätzchen«, war wohl das, was er dem Vater sagte. »Ich hüte es dir, während du die anderen holst.«

Barry trug das zappelnde Wesen auf unversehrtes Gebiet und legte es ins kühle Gras. Um dem Kätzchen seine Liebe zu beweisen, leckte er es in seiner ungeschickten Art, unterbrach jedoch alle Augenblicke seine Betätigung, um ein jämmerliches Geheul loszulassen.

Schnurr kam ein zweites und ein drittes Mal. Jetzt ging er das vierte und letzte Kätzchen holen. Wieder gelangte der Kater zur Höhle, schleppte das Kleine heraus. Doch diesmal wollte der Rückweg wirklich kein Ende nehmen. Kraftlos bewegte sich das Tier.

Sein Fell war versengt, der Körper mit Brandwunden bedeckt, die Augen waren völlig erblindet. Schnurr glaubte sich rasch zu bewegen, während er doch kaum mehr vorwärts kam. Eine Schwäche überfiel ihn, er drohte umzusinken, da hörte er Barrys durchdringendes Gebell. Im nächsten Augenblick fühlte sich der Kater emporgehoben und mitsamt dem Kätzchen über eine Strecke von fünfzig Metern getragen.

Auf der Lichtung, im weichen Gras liegend, fand endlich Kaja ihre Familie. Ohne sich um die Anwesenheit des Hundes zu kümmern, überhäufte sie Schnurr und die Kleinen mit Liebesbezeigungen. Ihre Zunge wurde nicht müde, die Fellchen ihrer Kinderchen zu lecken, und sie sah dauernd zu Schnurr hin, als wollte sie ihm sagen, daß auch er gleich darankommen würde. Nach und nach freundete sie sich auch mit Barry an, der wirklich das Seinige zur Errettung der Kätzchen beigetragen hatte.

Knapp vor Mitternacht fielen endlich die ersten Tropfen. Gleich darauf begann es in Strömen zu regnen. Die obdachlose Katzenfamilie drückte sich enger aneinander und der gute Barry versuchte, so gut es eben ging, die Kleinen zu wärmen, indem er sich fest an sie schmiegte.

Die ganze Nacht stürzten ungeheure Wassermassen vom Himmel. Sie machten der Feuersbrunst ein jähes Ende. Da und dort züngelte noch eine Flamme empor, dann war auch die letzte Glut gelöscht.

Unaufhörlich trommelte der Regen auf das Dach des Hauses am Föhrenkamm. Die Bergstraße wurde zum schäumenden Gießbach, das Marschland verwandelte sich in eine einzige schlammige Masse. Der heiße, aber kurze schwedische Sommer war für dieses Jahr dahin.

Es dauerte geraume Zeit, ehe Schnurr von seinen Verwundungen genas. Kaja und Schnurr hatten jetzt nur ein Junges mehr. War es der Rauch oder der ausgestandene Schrecken gewesen, die drei anderen Kätzchen hatten die Katastrophe nicht überlebt. Um so sorgfältiger wurde dieses einzige umhegt. Es bekam die fettesten Bissen und wurde von den Eltern so andauernd geleckt, daß es stets in unerhörter Sauberkeit erstrahlte.

Schnurr war ängstlich geworden. Das Leben, das ihm leicht und sicher gedünkt hatte, war mit einem Male schwierig und gefährlich geworden. Der Regen wollte nicht aufhören, drang selbst durch das dichteste Gebüsch. Um wieviel besser war der Aufenthalt in der trockenen, gegen jeden Zug geschützten Höhle gewesen! Doch um keinen Preis der Welt wäre Schnurr in diese zurückgegangen. Eine schreckliche Zeit, dachte er. Sind die goldenen Tage auf immer dahin?

Kaja nahm die neuen Lebensumstände mit Ruhe auf. Was sich nicht ändern ließ, mußte eben ertragen werden. Überdies hatte die Kätzin die Absicht, noch vor Einbruch der kalten Jahreszeit die Hütte der alten Frau aufzusuchen. Einmal wollte sie schon zu dem Winterquartier aufbrechen und gab Schnurr in ihrer anmutigen Weise zu verstehen, daß er sie begleiten solle. Doch dieser blinzelte als Antwort nur schwach mit den Augen und rührte sich nicht.

Dessenungeachtet wurden die Nächte immer kälter. Es hörte zu regnen auf, die Erde wurde trocken und hart, die Quecksilbersäule stieg nur wenig über den Nullpunkt. Scharfe Winde pfiffen über das Moor. Nur mit Mühe konnte Schnurr seinen kleinen Haushalt versorgen. Oft mußten die Eltern das Kätzchen zurücklassen und gemeinsam auf die Jagd gehen. Aber auch dann blieb die Ausbeute meist sehr gering. Und noch immer dachte der Kater nicht an die nächstliegende Lösung, die allen Schwierigkeiten ein Ende gemacht hätte!

Eines Nachts wurde es so kalt, daß das Katzenkind kläglich zu weinen begann. Schnurr preßte sich dicht an das Kleine, um es zu wärmen. Wenn er nur einen sicheren Unterschlupf für die Seinen finden könnte! Etwas kitzelte den Kater am rechten Ohr. Noch ehe er recht wußte, was es war, berührte es ihn wieder. Erschrocken blickte Schnurr um sich, und seine Augen wurden groß vor Erstaunen über das Ungewohnte, das sich ihm plötzlich bot. Kleine weiße Sternchen fielen vom Himmel. Erst da und dort eines, gleich darauf war die ganze Luft von ihnen erfüllt. Sie tanzten im Wind, trieben, drehten sich, legten sich dann sacht auf Baum und Strauch, auf Gras und Heide. Schnurr preßte sich noch fester an das Kätzchen. Die kleinen Sternchen sahen lustig aus, aber sie beunruhigten ihn. Er sah Kaja an. Ein feiner weißer Pulverstaub bedeckte ihr Fell. Nun fiel ein Sternchen Schnurr mitten auf die Nase, so daß er niesen mußte. Wie lange würden diese glitzernden Dinge fortfahren, vom Himmel herunterzufallen?

Der Wind nahm an Stärke zu, die feinen Sternchen wurden zu richtigen Flocken. Schon war die Sicht gering geworden, die Umrisse der Bäume und Sträucher erschienen verwischt. Schnurr wagte es nicht mehr, sich zu rühren, denn nur das Fleckchen Erde, das er mit seinem Körper deckte, blieb warm und trocken. Auch sein Fell trug schon die unheimliche weiße Hülle. Der Kater hatte versucht, sie abzuschütteln, aber da war ihm noch kälter geworden. Schnurr war zumute wie einem Mann, dem es in den Nacken regnet, nur daß der Kater keinen Kragen zum Aufstellen hatte.

Ein heftiger Sturm setzte jetzt ein. Er leitete den Winter ein. Meterhohe Schneetriften, eiskalte Nächte würden in der Folge kommen. Eine schlimme Zeit für die Tiere des Waldes, aber noch schlimmer für Schnurr und seine Familie, denn Katzen können im Freien nicht überwintern.

All dies spürte Schnurr irgendwie, während er immer tiefer in die weiche, flaumige Masse versank, bald würde sie ihn völlig zugedeckt haben. Eine ungeheure Müdigkeit überkam ihn, er schloß die Augen, und dann wußte er nichts mehr von sich.

Am nächsten Morgen jagte Barry in großen Sprüngen über die schneebedeckte Heide, geradewegs auf die Stelle zu, wo er Schnurr zu finden hoffte. Obwohl die Schneedecke nur wenige Zentimeter betrug, kam der Hund schwerer als sonst vorwärts.

Atemlos erreichte er endlich den Busch, in dessen unmittelbarer Nähe Schnurr gelagert hatte. Doch von der Katzenfamilie war keine Spur vorhanden. Nichts als eine weiße Fläche, die in der Sonne glitzerte. Barry ließ ein schmerzliches Bellen ertönen. Wo waren seine kleinen Freunde hingeraten? Plötzlich bemerkte er unweit von sich ein Loch im Schnee. Ein anderer Hund hätte dies nicht gesehen, doch Barry kannte alle Zeichen des Winters.

In ein wütendes Gebell ausbrechend, begann er mit den Vorderpfoten zu graben. Kein Bernhardiner hätte seine Arbeit besser ausführen können als der gute Barry. Endlich kam die schlafende Katzenfamilie zum Vorschein. Schnurr hob als erster den Kopf. Wie seltsam alles um ihn herum aussah! Fragend blickte der Kater auf Barry. Woher war der Hund gekommen? Und dann wußte es Schnurr plötzlich: von Peter, Peter! Ja, das war es, was Schnurr seit Tagen irgendwie gefühlt hatte. Barry wohnte bei Peter, und er, Schnurr, würde zu seinem früheren Herrn zurückkehren. Aber die Freiheit aufgeben, die er sich so schwer erkämpft hatte?

Da drang ein jämmerliches Weinen an Schnurrs Ohr. Das Kätzchen, das einzige, das am Leben geblieben war, fror nun, da Barry die wärmende Schneedecke entfernt hatte. Schnurr und Kaja würden vielleicht im Freien überwintern können, doch niemals das Kleine. Wie der Kater seine Ideen Barry und Kaja mitteilte, ist unerklärlich. Doch wurde der Heimweg in ganz bestimmter Reihenfolge angetreten. Barry ging als Wegbereiter voran, dann folgte das Katzenpaar. Es war eine lange und beschwerliche Reise. Kaja hatte schüchtern die Einwendung gewagt, daß es näher zur Hütte der alten Frau als zum Haus am Föhrenkamm sei, doch Schnurr wollte nichts davon hören. Der Kater hatte Sehnsucht nach Peters liebkosenden Händen, nach einem warmen Plätzchen beim Ofen.

Eine seltsame Prozession kam den Abhang herabgestiegen. Voran trabte ein Hund, der mit seinen Pfoten eine schmale Gasse durch den Schnee bahnte, dann laut bellend die Spur zurücklief, als ginge er jemanden holen.

Vor den erstaunten Männern erschien Schnurr, das Kätzchen im Maul. Einen Augenblick sah es aus, als sei der Kater am Ende seiner Kräfte. Die kostbare Bürde wurde für Sekunden in den Schnee gelegt, damit der Träger ein wenig verschnaufen könne. Nun näherte sich dem müden Vater die Katzenmutter und rieb sich zärtlich an ihrem Gatten. Wahrscheinlich sprach sie ihm Mut zu und tröstete ihn, da das Haus schon in Sicht sei und die beschwerliche Reise gleich ein Ende haben werde.

»Geht ins Haus hinein, wenn ihr wollt, daß die Katzenfamilie hierbleiben soll. Die Kätzin sieht ängstlich drein«, verkündete Turi. Diese Vorsichtsmaßregel war notwendig, denn Peter wäre, als er in dem fürsorglichen Kater seinen totgeglaubten Schnurr erkannte, diesem am liebsten entgegengestürzt. Aber der Finne blieb unerbittlich. Magnus und Peter mußten in die Stube zurückgehen, wo sie sich an den Kamin setzten. Die Tür wurde offengelassen, Turi hielt sich in der Nähe des Eingangs auf. Alle drei sahen sie wie gebannt auf das glitzernde weiße Rechteck, in das in der nächsten Minute Barry und seine Schützlinge treten mußten. Tapp, tapp, tapp. Kleine müde Füßchen steigen die Treppe hinauf. Barrys Kopf erscheint im Türrahmen. Stille. Dann schlägt der Hund an. Er steht am Eingang zur Stube, erblickt Magnus und springt schweifwedelnd an seinem Herrn empor. Hinter ihm kommt Schnurr hereingeschlichen und sieht sich vorsichtig um. »Guten Tag, Schnurr«, begrüßt Peter seinen Kater. Langsam geht dieser auf den Jungen zu, legt das Kätzchen vor ihn hin und setzt sich daneben. Schnurr kann einfach nicht mehr. Im nächsten Augenblick ist er in Peters Armen. Der Junge drückt sein Gesicht in das schwarze Fell seines wiedergekehrten Lieblings, und der Kater schnurrt, daß es in den Balken widerhallt.

Im weißen Rechteck des Eingangs steht noch eine kleine Gestalt. Scheu sieht sich Kaja um. Es ist nicht ihr Heim, fremde Männer sind da, und Kaja hat bittere Erfahrungen mit Männern in Daniels Hütte gemacht. Aber hier sieht es wirklich gemütlich aus. Ihr Baby liegt auf dem Boden, ein Junge hat Schnurr im Arm. Ein anderer Mann schüttet Milch in einen Napf, ein zweiter holt einen lange unbenützt gewesenen Korb hervor, tat Decken hinein, die warm und weich sind.

»Komm herein, kleine Fremde«, ruft Turi. »Es geschieht dir nichts.«

Kaja horcht auf. Die Stimme ist gut, also wird auch der Mann gut sein, der die aufmunternden Worte sagt. Langsam schiebt sich Schnurrs kleine Frau in die Stube, während Magnus aufsteht und die Tür schließt. So sind alle wieder glücklich im Haus am Föhrenkamm vereint.

# Horst M. Lampe

## Weihnachten in Florida

Die Weihnachtszeit in Florida ist auch für unsereinen eine feine Sache. Weihnachten ist zwar nur an einem einzigen Tag. Aber der Spaß beginnt dafür schon am ersten Advent, wenn die einzelnen Teile des Christmastree vom Dachboden geholt und in der Stube zu einem Christbaum zusammengesteckt werden.

Hilfsbereite Hausgenossen finden dabei hinreichend Beschäftigung. Auch die zur Verschönerung hervorgeholten glitzernden Glöckchen, Kugeln und Silberfäden sind ideale Mittel gegen Langeweile. Man kann nicht nur mit ihnen Schlagen und Fangen spielen, sondern auch in sie hineinbeißen, wenn niemand von der Aufsicht in der Nähe ist.

Die Behauptung, das hübsche Spielzeug gehe bei der angeblich unsachgemäßen Behandlung kaputt und einem selbst seien verschluckte Lamettasträhnen und angekaute Lichtleitungen unbekömmlich, halte ich für einen Vorwand, uns davon abzuhalten.

Daß die Leute in Florida schon lange vor Weihnachten anfangen, Tüten und Päckchen mit lustigen Bändern und Schleifen unter den Christbaum zu legen, die sie erst am 25. Dezember öffnen, macht die Sache noch interessanter. So lange brauchen Hund und Katz natürlich nicht zu warten.

Während sich allerdings fünfzig Pfund Labrador-Pointer unterm Gabenbaum ziemlich schwerfällig bewegten, fand der anpassungsfähige Stromlinienkater, der nur den fünften Teil davon wog, immer Zwischen- beziehungsweise Hohlräume, in denen er sich verstecken oder von denen aus er den Inhalt der ihn umgebenden Behältnisse untersuchen konnte.

Am Tag vor Christmas besann sich meine Familie, daß man dort, wo sie herkam, schon am Abend zuvor feierte. »Wenn's draußen dunkel ist, beschert sich's viel schöner«, behauptete Mami. »Man sieht dann wenigstens nicht, daß es vor dem Fenster grünt und blüht und es eigentlich nicht richtig weihnachtlich ist wie daheim in Deutschland.«

»Du mit deinem ewigen Heimweh, irgendwann werden wir etwas dagegen tun müssen«, sagte Daddy und nahm seine Edith so liebevoll in den Arm wie mich selbst dann nicht, als ich ihm das Rattenproblem abgenommen hatte.

»Gibt es nun den Truthahn heute abend oder erst morgen?« wollte die mehr ans Praktische denkende Oma wissen.

»Erstens ist es Gänsebraten«, erinnerte Putzi seine Mutter, »Truthahn hatten wir zu Thangsgiving. Und zweitens können wir ihn nach der Bescherung heute abend essen, wenn sowieso alle dafür sind.«

»O fein, ich packe meine Geschenke am besten gleich aus, damit ich dann in der Küche helfen kann«, schlug Nobbi vor, dessen Nase einfach nicht fein genug war, um sich wie ich über den Inhalt der Päckchen noch früher zu informieren. Seine Anregung fand indessen nicht die erhoffte Zustimmung. So wie unsere unzivilisierten Artgenossen keinen anderen an die Beute heranlassen, solange sie nicht selbst mit von der Partie sind, warten gewöhnliche Zweibeiner auf das Kommando zum Aufknoten und Entschnüren. Und das kommt gewöhnlich erst, wenn sich alle um den Baum versammelt und ihm etwas vorgesungen haben.

Was uns von dieser Weihnacht in Erinnerung bleiben würde, waren ein kleiner Irrteum, der für viel Aufregung sorgte, und ein Versprechen, das auch mein Leben verändern sollte. Um Barzi und mich in Feststimmung zu versetzen, hatte sich die Familie einige Überraschungen ausgedacht. Dabei zeigte sich wieder einmal, daß der gute Wille allein eben doch nicht immer genügt.

Das größte Geschenk für mich hatten sie sich selbst gemacht. Der mit besonders widerstandsfähigem Stoff bespannte und mit Baldrian anregend aromatisierte »Katzenbaum« sollte mich offenbar davon abhalten, meine Krallen an ihren Polstermöbeln zu wetzen. Die mir zusätzlich zugedachten Kleinigkeiten, mehrere Dosen mit Katzenfutter, interessierten mich so lange nicht, wie ich nicht wußte, ob ihr Inhalt nach meinem Geschmack war. Den neuen eleganten Napf hätten sie sich sparen können, denn Katzen kommt es genau wie Hunden beim Essen nicht auf den Rahmen an, sondern auf die Füllung.

Ähnlich mißgedeutet hatten unsere Wohltäter die Prioritäten meines wieder einmal vor Aufregung hechelnden Kameraden. Während ich mich mit dem achtlos hingeworfenen, weil nicht mehr benötigten Verpackungsmaterial vergnügte, betrachtete Barzi den ihm vorgehaltenen Gummiknochen absolut verständnislos.

Dann entdeckte er die Fleischwurst, die jemand in Verkennung der möglichen Folgen an einen Zweig unseres immergrünen Tannenbaums gehängt hatte. Da sie inmitten von ungenießbarem Kunststoff die einzige natürliche Attraktion war, übte sie auf unseren Hund die beabsichtigte – wenn auch nicht in dieser Vehemenz erwartete – Anziehung aus.

Mit der ihm eigenen Sprungkraft nahm er sein spezielles Weihnachtsgeschenk in Besitz. Daß er dabei mitten im Baum landete und dieser mit Klingen und Klirren umfiel, trug wahrscheinlich weniger zum folgenden Tohuwabohu bei als Putzis Versuch, seinen ebenfalls aus dem Gleichgewicht geratenen Labrador-Pointer zu ergreifen. Barzi mußte in seiner Verwirrung den Eindruck gewonnen haben, daß sein Herr ihm die Wurst wieder abnehmen wollte, und wehrte sich.

Erst später am Abend waren Ordnung und Frieden so weit wiederhergestellt, daß Oma doch noch zu ihrem Gänsebraten kam. Nobbi stritt sich mit ihr um die bevorzugten Stücke mit krustiger Haut, die er für den auf die Terrasse verbannten Barzi zunächst erst mal unter den Tisch fallen ließ. Putzi stocherte mit einer verbundenen Hand auf seinem Geschirr herum und gab sich Mühe, weniger mißmutig dreinzuschaun.

Nur Mami war in ausgelassener Stimmung. Und das lag daran, daß ihr Daddy vor dem Essen schnell noch etwas ins Ohr geflüstert hatte. Edith war ihrem Männchen daraufhin um den Hals gefallen und hatte gejubelt: »Das ist das allerschönste Weihnachtsgeschenk!« Dann hatte sie mich hochgehoben, war mit mir durchs Haus getanzt und hatte mir immer wieder versichert: »Dir wird es in Deutschland bestimmt auch gefallen!«

# Raymond Chandler

## Unsere schwarze Angora

*19. März 1945*
An Charles W. Morton
   ... Ein Mann namens Engstead hat vor einiger Zeit für *Harper's Bazaar* ein paar Fotos von mir aufgenommen (warum, ist mir bis heute schleierhaft), und eins davon, das mich mit meiner Sekretärin auf dem Schoß zeigt, ist wirklich gut gelungen. Wenn das Dutzend Abzüge da ist, das ich bestellt habe, bekommen Sie einen. Die besagte Sekretärin, das sollte ich vielleicht hinzufügen, ist eine schwarze Angorakatze, 14 Jahre alt, und ich nenne sie so, weil sie, seit ich mit dem Schreiben angefangen habe, um mich gewesen ist. Gewöhnlich saß sie auf dem Papier, das ich grad benutzen wollte, oder auf dem Manuskript, das ich überarbeiten wollte; manchmal lehnte sie sich an die Schreibmaschine, und manchmal blickte sie auch nur ruhig von einer Ecke des Tisches aus dem Fenster, so als wollte sie sagen: »Das Zeug, was du da machst, ist reine Zeitverschwendung, mein Lieber.«
   Sie heißt Taki (ursprünglich Take, aber wir kriegten es satt, immer wieder zu erklären, daß das ein japanisches Wort sei, das Bambus bedeute und zweisilbig gesprochen werden müßte), und sie hat ein Gedächtnis, wie es sich noch kein Elefant auch nur erträumt hat.

Sie ist gewöhnlich höflich distanziert, aber von Zeit zu Zeit hat sie einen polemischen Anfall, und dann kriegt man geschlagene zehn Minuten lang was zu hören. Ich gäbe einiges drum, wenn ich wüßte, was sie einem dann sagen will, aber ich fürchte, es läuft am Ende alles auf eine sehr sarkastische Version des Satzes ›Das hätte ich nicht von dir gedacht!‹ hinaus.

Ich bin mein Leben lang ein Katzenliebhaber gewesen (ohne damit etwas gegen Hunde zu haben, außer daß sie soviel Unterhaltung beanspruchen), und doch war ich nie richtig imstande, sie zu verstehen. Taki ist ein vollkommen ausgeglichenes Wesen und weiß immer, wer Katzen mag; mag einer sie nicht, so kommt sie nie auch nur in seine Nähe, und mag sie einer wirklich, so geht sie stracks auf ihn zu, ganz gleich, ob sie ihn erst seit kurzem kennt oder gar überhaupt nicht ... Sie hat noch eine andere sonderbare Eigenart (die selten sein mag oder auch nicht), die nämlich, daß sie niemals etwas tötet. Sie bringt, was sie gefangen hat, lebendig an und läßt es sich dann wegnehmen. Sie hat schon mehrmals Tiere ins Haus gebracht, eine Taube etwa, einen blauen Sittich und einen großen Schmetterling. Der Schmetterling und der Sittich waren völlig unverletzt geblieben und flogen alsbald weiter, wie wenn gar nichts geschehen wäre. Die Taube hatte ihr ein bißchen Schwierigkeiten gemacht und infolgedessen einen kleinen Blutfleck auf der Brust, aber wir brachten sie zu einem Vogelmenschen, und schon ganz bald ging es ihr wieder gut. Bloß ein bißchen gedemütigt wirkte sie. Mäuse findet Taki langweilig, aber sie fängt sie, wenn sie's denn partout nicht anders wollen, und dann muß ich sie umbringen. Ein gewisses müdes Interesse bringt sie Goffern entgegen, und ein Gofferloch nötigt ihr durchaus einige Aufmerksamkeit ab, aber Goffer beißen, und wer, zum Teufel, will schließlich überhaupt einen Goffer haben? Also gibt sie sich einfach nur den Anschein, als könnte sie jederzeit einen fangen, wenn ihr danach wäre.

Wenn wir eine Reise machen, geht sie immer mit, egal wohin, behält alle Orte, an denen sie schon gewesen ist, im Gedächtnis und fühlt sich normalerweise überall wie zu Hause. Nur ein oder zwei gehen ihr gegen den Strich – ich weiß nicht, wieso. Sie hat sich da einfach nie eingewöhnen wollen. Nach einiger Zeit wußten wir genug, um den Wink zu verstehen. Es besteht die Möglichkeit, daß da einmal ein Axtmord verübt worden ist, und wir wären anderswo viel besser aufgehoben. Der Kerl könnte wiederkommen. Manchmal sieht sie mich mit einem ganz eigenartigen Ausdruck an (sie ist die einzige Katze meines Bekanntenkreises, die einem gerade und offen in die Augen sieht), und dann habe ich den Verdacht, daß sie ein Tagebuch führt, weil der Ausdruck zu besagen scheint: »Bruder, du glaubst wohl, du bist die meiste Zeit ziemlich gut, was? Ich überlege, wie dir wohl zumute wäre, wenn ich mich entschlösse, mal was von dem Zeug zu veröffentlichen, das *ich* so gelegentlich zu Papier gebracht habe.« Zu bestimmten Zeiten hat sie die Angewohnheit, eine Pfote locker in die Höhe zu halten und sie grübelnd zu betrachten. Meine Frau glaubt, sie will uns damit zu verstehen geben, daß sie eine Armbanduhr haben möchte; zwar hat sie die praktisch nicht nötig – ihr Zeitgefühl ist besser als meins –, aber schließlich muß man ja auch etwas Schmuck haben.

Ich weiß gar nicht, wieso ich das alles hier schreibe. Es muß wohl daran liegen, daß ich im Moment an schlechthin nichts anderes denken konnte, oder – also jetzt wird die Sache doch unheimlich – bin überhaupt nicht ich es, der es schreibt? Könnte es sein, daß – nein, es muß doch ich sein. Sagen Sie, daß ich es bin. Mir wird bange.

*9. August 1948*
An James Sandoe
Ich bin fasziniert von der Katze, die uns Schlangen ins Haus bringt. Unsere Katze, die jetzt 17 Jahre alt ist und ziemlich träge, tat so was auch immer ... Sie ist eine schwarze Angora. Was haben denn Sie für eine? Oder haben Sie mehrere? Wir konnten uns nie eine zweite zulegen, weil Taki uns einfach nicht ließ. Einmal lasen wir in der Wüste ein streunendes Kätzchen auf und versuchten, es mit ins Haus zu nehmen, aber da wurde sie so rasend vor Wut, daß sie sich übergab. Also mußte das arme Kätzchen in der Garage schlafen und draußen essen, bis wir ihm eine neue Heimat gefunden hatten. Auch ein Hund ist unmöglich. Nur Fische gehen, sonst nichts. Fischen gegenüber ist sie indifferent. Sie ist fürchterlich verwöhnt. Als wir das letztemal weggingen, schlug sie der Köchin die Brille von der Nase, und als wir wiederkamen, spuckte sie mich an und sprach zwei Tage lang kein Wort mit uns.

*20. September 1948*
An Charles W. Morton
... Habe ich Ihnen denn ein Bild von unserer Katze geschickt? Ich hatte sie gefragt, und sie sagte, zum Teufel mit Boston, sie wolle ihr Bild da nicht haben ... Also sagte ich ihr, in Boston, da erscheint das *Atlantic*, das als die allerintellektuellste Zeitschrift im Lande gilt, abgesehen von dem Avantgarde-Kram, den aber doch keiner liest außer den Kerls, die ihn selber schreiben. Die Katze sagte, zum Teufel auch mit dem

*Atlantic*; der letzte Aufsatz, den sie zu lesen versucht hätte in dem Ding, wäre irgendwas über England gewesen (zum Teufel mit England) und von einem Kerl verfaßt, der wohl so eine Art Lehrer wäre an irgendeinem College oder so ähnlich, und der Kerl hätte nicht den Unterschied zwischen ›sich‹ und ›einander‹ gewußt. Kein Wunder, daß Ungebildete bei uns im Lande den Ton angäben und Kerls, die *Abie's Irish Rose* für einen Roman hielten.

Sie sagen, Sie würden durchaus einen Aufsatz über unsere Katze nehmen, vergeb's Ihnen Gott. Versuchen können Sie's ja mal, ob Sie so was kriegen, einen Aufsatz über unsere Katze. Diese Katze hat nicht siebzehn Jahre lang bei uns gelebt, nur damit am Ende irgendein Nassauer daherkommt, vergeb's ihm Gott, und sagt, er würde durchaus einen Aufsatz über sie nehmen für sein gottverdammtes Gemeindeblättchen. Sobald er sich so einen Aufsatz ergatterte, über unsere Katze oder von unserer Katze oder auch bloß genehmigt von unserer Katze, würde er kopfunter am Kronleuchter hängen, den Fuß im Mund. Zum Teufel mit ihm, sagt unsere Katze. Und wenn Ihnen das nicht paßte, sollten Sie sich an Ihren Rechtsanwalt wenden.

*23. September 1948*
An James Sandoe

Unsere Katze wird langsam ausgesprochen tyrannisch. Wenn sie sich irgendwo allein fühlt, stößt sie ein Geheul aus, daß einem das Blut in den Adern gerinnt, und das hält sie durch, bis jemand angelaufen kommt. Sie schläft auf einem Tisch in der Seiten-Veranda und verlangt jetzt, daß man sie rauf und runter hebt. Sie kriegt abends gegen acht ihre warme Milch und fängt bereits um halb acht an, danach zu schreien. Wenn sie ihr Näpfchen endlich hat, trinkt sie ein bißchen, geht dann beiseite und setzt sich unter einen Stuhl; dann kommt sie wieder und schreit sich wieder die Lunge aus dem Leib, bis jemand sich neben sie stellt, während sie sich erneut der Milch zuwendet.

Wenn wir Gäste haben, sieht sie sich die Leute kurz an und trifft fast augenblicklich die Entscheidung, ob sie ihr sympathisch sind. Sind sie's, so spaziert sie zu ihnen hinüber und läßt sich dort auf den Boden plumpsen, grad weit genug von ihnen entfernt, um ihnen die Möglichkeit, sie zu kraulen, nicht allzu leicht zu machen. Sind sie ihr aber unsympathisch, so setzt sie sich mitten ins Wohnzimmer, wirft einen verächtlichen Blick in die Runde und geht dann daran, sich den Rücken zu putzen – oder vielmehr den verlängerten Rücken. Dann hält sie ganz plötzlich inne, hebt den Kopf, ohne ansonsten ihre Haltung zu ändern (ein Bein kerzengerade gegen die Decke gerichtet), starrt in den Raum, um dabei irgendein abstruses Problem zu durchdenken, und widmet sich dann wieder der Reinigung ihres Hinterteils. Diese Arbeit wird stets in der öffentlichsten Weise verrichtet.

Als sie noch jünger war, feierte sie das Scheiden von Besuchern stets dadurch, daß sie wie wild durchs Haus raste, um schließlich mit einem Krallensprung auf der Couch zu landen, dem schönen Stück, das mit Baumwollbrokat bezogen und für Katzenkrallen wie geschaffen ist, da sich der Stoff leicht in Streifen herunterreißen läßt. Aber jetzt ist sie träge geworden. Will nicht einmal mehr mit ihrer Katzenminzen-Maus spielen, es sei denn, diese ist so niedrig gehängt, daß sie im Liegen damit spielen kann. Ich werde Ihnen ein Bild von ihr schicken. Leider bin ich auch mit drauf, aber darüber müssen Sie eben hinwegsehen.

Katzen sind sehr interessante Tiere. Sie haben einen enormen Sinn für Humor und fühlen sich, ganz anders als Hunde, weder verwirrt noch gedemütigt, wenn man über sie lacht. Es gibt in der Natur nichts Schlimmeres, als wenn man mit ansehen muß, wie eine Katze sich müht, aus einer halbtoten Maus noch ein paar letzte hoffnungslose Versuche, ihr zu entkommen, herauszulocken. Mein enormer Respekt vor unserer Katze gründet sich zum großen Teil darauf, daß ihr dieser diabolische Sadismus vollkommen fehlt. Als sie noch Mäuse zu fangen pflegte – wir haben seit Jahren jetzt keine mehr gehabt –, brachte sie die kleinen Tiere immer lebend und unverletzt an und ließ sie sich von mir aus dem Maul nehmen. Ihre Haltung schien dabei zu besagen: »So, hier hast du die verdammte Maus. Ich hab sie zwar fangen müssen, aber in Wirklichkeit ist sie dein Problem. Schaff sie gefälligst sofort weg.« Von Zeit zu Zeit durchstöbert sie sämtliche Schränke und Wandschränke nach Mäusen und veranstaltet so eine regelrechte Inspektion. Sie findet zwar nie mehr eine, aber offenbar hat sie das Gefühl, daß das zu ihren Pflichten gehört.

*19. Dezember 1948*
An Dale Warren
... Natürlich können Sie das Skript Charlie Morton zeigen. Unsere Korrespondenz steigert sich immer mehr in einen allerliebsten Ton unterdrückter Wut hinein. Angefangen hat das alles mit einer unglücklichen Bemerkung, die er über unsere Katze machte. Er gehört offenbar, bei all seinen vielen sonstigen Gaben, zu den Leuten, die nicht imstande sind, eine Katze von der anderen zu unterscheiden. Unsere Katze ähnelt der gewöhnlichen, von Abfällen ernährten, bei Nacht

nach draußen geschickten Vertreterin der Gattung Felis nicht mehr als Louis B. Mayer einem Kommis in einem Delikatessenladen der Bronx – (oder ist das kein sehr glücklicher Vergleich?). Dann will ich's korrigieren und sagen: unsere Katze verhält sich zu einer gewöhnlichen Katze wie ein Alfa-Romeo-Sport-Zweisitzer zu einem Ford-Lieferwagen Modell A oder wie ein Rolls Silver Wraith zu einer Schubkarre ... Ich habe einen Aufsatz für Charlie geschrieben, aber ich fürchte mich ein bißchen, ihm den zu schicken ...

*Weihnachten 1948*
Taki Chandler an Mike Gibbud, Esq., einen Siam-Kater nicht ganz reiner Blutlinie. Antwort auf einen überraschend erhaltenen Weihnachtsglückwunsch.

Lieber Mike,
   verbindlichen Dank für Ihre Karte und die darin ausgesprochenen guten Wünsche, welche ich erwidere. Nicht erwidern kann ich hingegen die doch reichlich übertriebene Vertraulichkeit Ihrer Anredeform, denn soweit ich mich erinnere, sind wir uns nie offiziell vorgestellt worden. Was nun die Verdächtigungen betrifft, die Sie gegen Ihre ›alte Dame‹ aussprechen (versuchen Sie doch, auch hier von diesen plump-vertraulichen Manierismen loszukommen), so sind dieselben vermutlich zur Gänze unfundiert und aus einem gewissen Minderwertigkeitskomplex zu erklären, welcher wiederum das Produkt Ihres gemischten Blutes ist. Aber machen Sie sich dieser Dinge wegen nur keine Gedanken. Unser ganzes Zeitalter ist von heraldischer Minderwertigkeit gekennzeichnet. Ein Schrägbalken im Wappen ist heute keine größere Schande, als es im Mittelalter war. Ihr Vater mag ja durchaus ein Gentleman

gewesen sein, selbst wenn Ihre Mutter keine Dame war. Ihr Rattenschwanz ist übrigens durchaus jetzt überall modern. Ich ziehe einen buschigen, aufrecht getragenen Schwanz vor. Sie sind Siamese, und Ihre Vorfahren haben noch auf Bäumen gelebt. Die meinen lebten in Palästen. Man hat mir gelegentlich zu verstehen gegeben, ich sei ein bißchen versnobt. Wie wahr! Ich bin es leidenschaftlich gern.

Kommen Sie doch gelegentlich einmal vorbei, wenn Sie ein sauberes Gesicht haben; wir werden dann den gegenwärtigen Weltlauf diskutieren, die Albernheit der Menschen, das Überhandnehmen des Pferdefleisches, obwohl wir doch ein zartes Lendenbeefsteak viel mehr zu schätzen wissen, und die uns beiden gemeinsame Schwierigkeit, Türen zur rechten Zeit geöffnet und Mahlzeiten häufiger und in kürzeren Abständen serviert zu bekommen. Ich habe meine Leute jetzt immerhin auf fünfmal pro Tag gebracht, aber es bleibt doch noch vieles reformbedürftig.

Was Ihren abschließenden Grußwunsch ›Glückliche Mäusejagd!‹ betrifft, so können Sie bei seiner Niederschrift nicht ganz nüchtern gewesen sein. Katzen meines Geblüts jagen keine Mäuse.

*4. Dezember 1949*
An James Sandoe
Max Miller* fand neulich eine Katze mit einer Coyotenfalle am Fuß. Wir mußten ein ganzes Stück durch Bärentraubengestrüpp kriechen, um an sie ranzukommen, und der Fuß des armen Tiers war voller Maden, es muß die Falle schon tagelang mit sich geschleppt haben. So sanft, kein Krallen oder Heulen, als wir ihm

---

\* In La Jolla lebender Schriftsteller.

die Falle abnahmen. Mich verfolgt der Gedanke an sein fast unvermeidliches Ende, denn ich kann den Eigentümer nicht ausfindig machen. Es hat noch zwei Zehen behalten können und erholt sich beim Tierarzt ganz prächtig, aber ich kann es ja bei mir nicht aufnehmen, und was, zum Teufel, bleibt dann noch übrig? Ein großer, liebevoller Kater, ganz mit Narben übersät von vielen Kämpfen, nichts Winselndes in seinem Charakter, und doch keine Bleibe, niemanden, der sich seiner annehmen und ihm ein Zuhause geben wollte.

*16. Dezember 1949*
An James Sandoe

Dem Kater, der sich in der Falle verfangen hatte, geht es gut. Er hat den Namen König Zweenzeh bekommen. Man hat ihn seiner Männlichkeit beraubt, denn er hat genug Kämpfe durchgemacht, und sein rechter Fuß taugt nicht mehr besonders zum Kämpfen. Und er hat jetzt eine Bleibe. Nicht bloß einen Unterschlupf, sondern ein richtiges Zuhause.

*26. Januar 1950*
An Hamish Hamilton

Ich habe da wohl irgendwas gesagt, was Dich auf den Gedanken gebracht hat, Katzen seien mir verhaßt. Aber um Gott, Sir, einen so fanatischen Katzenliebhaber wie mich gibt es in der ganzen Branche nicht wieder! Wenn sie Dir verhaßt sind, werde ich unter Umständen Dich hassen lernen. Falls Deine Allergien daran schuld sind, will ich die Situation, so gut ich's kann, tolerieren. Wir haben eine schwarze Angorakatze, die jetzt fast 19 Jahre alt ist und die wir nicht für einen der riesigen Türme von Manhattan hergeben würde.

*15. Dezember 1950*
An H. N. Swanson

Unsere kleine schwarze Katze mußte gestern morgen eingeschläfert werden. Wir sind ganz gebrochen davon. Sie war fast 20 Jahre alt. Wir sahen es kommen, natürlich, hofften aber immer noch, sie könnte neue Kraft finden. Aber als sie zu schwach wurde, um sich noch auf den Beinen zu halten, und praktisch aufhörte zu essen, blieb nichts anderes mehr übrig. Man macht das jetzt auf eine wunderbare Art. In eine Vene des Vorderlaufs wird Nembutal injiziert, und das Tier ist einfach nicht mehr da. Es schläft in zehn Sekunden ein. Schade, daß man es mit den Menschen nicht ebenso machen kann.

*9. Januar 1951*
An Hamish Hamilton

... Unser Weihnachten war nicht besonders froh, da wir unsere schwarze Angorakatze verloren haben, die fast zwanzig Jahre bei uns gewesen war und so zu unserm Leben gehörte, daß wir uns jetzt geradezu fürchten, in das stille leere Haus zu kommen, wenn wir abends fort waren. Zufällig traf es sich, daß Elmer Davis, den Du vielleicht kennst, kurz vorher seine weiße Angorakatze verlor, General Gray. Und ich konnte mich so gut in ihn hineinfühlen (obwohl Taki damals noch gar nicht so krank war, daß wir uns wirkliche Sorgen um sie machten), daß ich ihm schreiben und mein Mitgefühl ausdrücken mußte. Ich habe mein Leben lang Katzen gehabt und immer gefunden, daß sie fast so unterschiedlich sind wie die Menschen auch und daß sie, ganz wie Kinder, großenteils so werden, wie man sie behandelt, höchstens daß es hier und da ein paar wenige gibt, die nicht verzogen werden können.

Aber vielleicht gilt das für Kinder ebenso. Taki war von absoluter Ausgeglichenheit, was bei Tieren wie bei Menschen eine seltene Eigenschaft ist. Und sie war völlig frei von Grausamkeit, was noch seltener ist bei Tieren. Ich habe nie Leute gemocht, die keine Katzen mochten, weil in ihrer Gemütsanlage immer ein Element greller Selbstsucht zu finden war. Zugegeben, eine Katze bringt einem nicht die Art Liebe entgegen, die ein Hund einem schenkt. Eine Katze führt sich nie so auf, als ob man der einzige Lichtblick in ihrem sonst ganz trüben Dasein wäre. Aber damit ist nur auf andere Weise gesagt, daß die Katze kein sentimentales Wesen ist, was keineswegs bedeutet, daß sie etwa keine herzlichen Gefühle hätte.

*10. Januar 1951*
An James Sandoe
Dank für Ihren Brief und die Weihnachtskarte. Ich habe in diesem Jahr nichts verschickt. Wir waren ein bißchen mitgenommen vom Tod unserer schwarzen Angorakatze. Wenn ich sage, ein bißchen mitgenommen, dann ist das konventionelle Distanz. In Wirklichkeit war es eine Tragödie für uns ...

*5. Februar 1951*
An Hamish Hamilton
Danke für alles, was Du über Katzen geschrieben hast und über Deine Freunde, die Katzenliebhaber sind. Nach einer Weile werden wir uns, denke ich, eine neue Katze zulegen oder lieber noch gleich zwei. Elmer Davis sagt, seine Frau und er haben sich entschlossen, keine neue mehr zu nehmen, weil sie wahrscheinlich länger leben würde als sie beide. Das scheint mir doch ein wunderlicher Gesichtspunkt zu

sein. Er muß sich recht alt fühlen. Wenn es danach ginge, dürften Kinder nie Eltern haben, Frauen nie Männer heiraten, die zehn Jahre älter sind als sie selbst, niemand dürfte dem Wunsch nachgeben, ein Pferd zu besitzen oder überhaupt irgendwas, von dem ihm eines Tages Verlust droht. Wehe, wehe, wehe (ich glaube, ich zitiere da mehr oder weniger Ezra Pound), über ein kleines werden wir alle tot sein. Lasset uns deshalb so tun und handeln, als wären wir's bereits.

*31. Oktober 1951*
An James Sandoe
... Wie geht's denn Ihren sämtlichen Katzen? Wir haben eine neue schwarze Angora, die genauso aussieht wie unsere letzte, so aufs Haar genau, daß wir ihr auch denselben Namen gegeben haben, Taki. Er – denn es ist diesmal ein Er – wird ein großer Bursche werden, glaube ich, wenn er voll ausgewachsen ist, denn er wiegt schon jetzt mit sieben Monaten acht Pfund. Ich hatte vorher eine Zeitlang ein Siam-Kätzchen, aber der kleine Kerl krallte und biß alles in Fetzen, und seine Behandlung brachte so viel Schwierigkeiten mit sich, daß ich ihn dem Züchter zurückbringen mußte. Mir war dabei ziemlich schlimm zumute, denn er war ein liebevoller kleiner Teufel und steckte voller Leben. Aber er zerriß mir die Decken und zerriß mir die Anzüge und hätte am Ende wohl noch die gesamte Einrichtung ruiniert. Wir konnten ihn einfach nicht frei herumlaufen lassen, und eine Katze, die nicht frei laufen kann in unserm Haus, ist darin fehl am Platze. Auf der Straße lassen wir sie nie frei laufen, aber im Haus gehört ihnen alles.

# Katharina Kühl

## »Mau-Mau«

Den ganzen Tag hatte der Maler an einem Bild gearbeitet. Jetzt stand er auf und warf entmutigt den Pinsel hin. »Scheibenkleister!« rief er. »Totaler Scheibenkleister!«

Es hatte ein Sonnenuntergang über dem Meer werden sollen. Der Maler hatte so einen tiefroten Sonnenuntergang vor vielen Jahren einmal in den Ferien am Mittelmeer beobachtet. Aber das Bild heute war nichts geworden. Die Sonne sah wie ein Pfannkuchen aus, in einem See von Tomatensoße. Pfannkuchen in Tomatensoße. Brr! Der Maler schüttelte unwillig den Kopf, riß die Terrassentür auf und trat in seinen verwilderten Garten. Eine dünne Schneedecke bedeckte das herumliegende Laub. Es war Dezember. Der Himmel war grau.

»Sonnenuntergang!« schimpfte der Maler. »Kein Wunder, daß man so etwas im Winter nicht malen kann!«

Aber er wollte unbedingt ein Sonnenbild malen. Gerade weil es Winter war. Und bald Weihnachten. Der Maler konnte Weihnachten nicht ausstehen. Mit einem bunten Sonnenbild würde er Weihnachten wegmalen. Ja, einfach wegmalen! Wieder sah er zu dem wolkenverhangenen Himmel auf.

»Ich muß es schaffen«, murmelte er. Er drehte sich um und wollte wieder zurück in sein warmes Zimmer gehen, da sah er den Kater.

Er kauerte auf einem Stapel Brettern, mit denen der Maler mal einen neuen Zaun hatte bauen wollen. Es war ein grauweiß gestromtes Tier mit struppigem Fell, fiebrigen Augen und erbärmlich abgemagert.

»He«, rief der Maler. »Wo kommst du denn her? Du siehst ja schlimm aus!« Langsam ging er auf den Holzstoß zu, doch bevor er ihn ganz erreicht hatte, begann der Kater wütend zu fauchen, machte einen Satz und verschwand im Gebüsch.

»Na, na«, sagte der Maler beruhigend. »Du brauchst vor mir doch keine Angst zu haben! Ich will dir nichts Böses! Hast wahrscheinlich keine guten Erfahrungen mit Menschen gemacht, stimmt's?«

Die Augen des Katers glühten aus dem Gebüsch. Er kam nicht näher, aber er lief auch nicht fort. Irgend etwas in der Stimme des Mannes ließ ihn zögern.

»Du mußt furchtbar hungig sein, so wie du aussiehst«, fuhr die Stimme fort. »Warte! Lauf nicht weg!«

Der Maler ging ins Haus und kam gleich darauf mit einem Teller in der Hand zurück. »Gulasch«, sagte er. »Ist zwar von gestern, aber noch sehr gut!«

Er setzte den Teller auf dem Holz ab und zog sich zurück. Er wußte, der Kater würde das Futter nicht anrühren, solange er in der Nähe blieb. Deshalb ging er zurück ins Haus. Verborgen hinter dem Küchenfenster, konnte er den Garten gut überblicken.

Eine ganze Weile tat sich nichts. Dann kam der Kater. Vorsichtig kroch er auf dem Bauch aus dem Gebüsch hervor. Mehrmals blieb er dabei stehen und sah sich nach allen Seiten mißtrauisch um. Er hatte Angst. Aber er hatte auch Hunger. Schrecklichen Hunger!

Der Fleischgeruch stieg ihm verlockend in die Nase. Schließlich konnte er es nicht länger aushalten. Mit einem Sprung war er auf dem Bretterstapel und stürzte sich gierig auf das Futter. Hastig, fast ohne zu kauen, schlang er es hinunter.

»Armes Kerlchen«, murmelte der Maler. »Du mußt ja schon eine Ewigkeit nichts Ordentliches mehr zu fressen gehabt haben!«

Der Kater leckte den Teller ab, bis auch nicht mehr der kleinste Rest darauf zu sehen war. Dann sah er sich noch einmal nach allen Seiten um und sprang mit wilden Sätzen davon.

Am nächsten Morgen ging der Maler ins Dorf und kaufte sich neue Farben. Er ärgerte sich über die bunte Weihnachtsdekoration in den Geschäften und die Lichterketten über der Hauptstraße. Wütend machte er sich deshalb wieder daran, seinen Sonnenuntergang zu malen. Verbissen arbeitete er den ganzen Tag. Er hatte das Bild ganz genau im Kopf. Wie man eine Melodie im Kopf hat. Und wie bei der Melodie, die falsch herauskommt, sobald man sie laut singt, ging es dem Maler mit seinem Sonnenuntergang. Diesmal sah er wie ein zerlaufenes Spiegelei aus. Der Maler hatte den Kater darüber ganz vergessen.

Doch als er am Abend in seinen Garten hinaustrat, war der Kater wieder da. Er hockte wie am Vortag auf dem Holzstoß. Es war das einzige trockene Plätzchen weit und breit. Einen Moment sahen sich die beiden stumm in die Augen. Der Maler und der Kater.

»Da bist du ja wieder!« sagte der Maler schließlich. »Und bestimmt hast du auch wieder einen Mordshunger, was? Leider gibt es heute nur Spaghetti. Ich hoffe, du magst Spaghetti? Paß auf, ich werde dir eine Scheibe Wurst dazu spendieren!«

Wie beim erstenmal verschwand der Kater im Gebüsch und wartete dort so lange, bis der Mann den Teller abgesetzt und sich wieder entfernt hatte. Erst dann kroch er zögernd aus seinem Versteck hervor und stürzte sich voller Gier auf das Fressen. Diesmal hatte sich der Maler nur bis zur Terrassentür zurückgezogen.

»Langsam!« mahnte er. »Es nimmt dir ja keiner etwas weg! Morgen kaufe ich dir richtiges Katzenfutter. Versprochen!«

Der Kater hatte den Teller leer gefressen. Er sprang vom Holz herunter, entfernt sich jedoch nicht weit davon. Es war, als wartete er noch auf etwas. Da kam die Stimme des Mannes. Es war eine dunkle, beruhigende Stimme: »Du siehst ganz schön heruntergekommen aus, mein Kleiner! Bist du irgendwo davongelaufen? Oder haben sie dich etwa ausgesetzt? Jetzt sind Weihnachtsferien. Da verreisen manche Leute gern. Und Katzen können sie dabei nicht gebrauchen. War es so? Aber nein! Wenn einer wie du aussieht, muß er schon viel länger herumstreunen. Dann haben dich deine Leute womöglich in den Sommerferien sitzenlassen? Ja, das könnte eher hinkommen. Armes Kerlchen! Eine Schande ist das!« Der Maler ging in die Hocke. Erschreckt floh der Kater davon.

Aber er kam wieder. Abend für Abend. Wie am ersten Tag schlang er hastig und heißhungrig seine Mahlzeiten hinunter. Nach einigen Tagen hatte er nichts mehr dagegen, daß der Maler ihm dabei von der Terrasse aus zuschaute. Als er sich ihm jedoch zu nähern versuchte und seine Hand einladend ausstreckte, ging der Kater sofort in Kampfstellung und begann, aufgebracht zu fauchen.

»Schon gut, schon gut«, murmelte der Maler. »Ich

habe ja nur so gedacht: du hast niemanden, ich habe niemanden ... Weißt du, mit Weihnachten ist das eine merkwürdige Sache. Da mag man nicht allein sein. Vielleicht kann ich deshalb Weihnachten nicht leiden!«

Der Kater blinzelte. Dann stand er auf, putzte sich kurz die rechte Vorderpfote und stolzierte gelassen davon. Er war immer noch mager, aber sein Fell hatte wieder etwas Glanz bekommen. Mit erhobenem Schwanz verschwand er im Gebüsch.

»Du kommst dir wohl sehr stark vor, was?« rief der Maler ihm hinterher. »Aber es soll Frost geben! Was machst du dann?«

Der Maler stellte weiter jeden Abend einen Teller mit Futter auf den Holzstoß. Er überlegte, ob er einen trockenen Unterschlupf basteln sollte. Aber er war nicht besonders geschickt im Basteln. So fügte er nur notdürftig ein paar Bretter zu einer Höhle zusammen, die er mit einem alten Pullover auspolsterte. Doch soviel er beobachten konnte, betrat der Kater sie nicht ein einziges Mal.

Den Sonnenuntergang zu malen, hatte der Maler inzwischen vollständig aufgegeben. Mit schwarzer Tusche zeichnete er jetzt Katzen. Kauernde Katzen, fauchende Katzen, Katzen in Kampfstellung, Katzen beim Fressen, Katzen im Sprung. Wie besessen malte er, so daß er gar nicht bemerkte, daß es inzwischen Weihnachten war. Er hatte Weihnachten tatsächlich weggemalt! Gerade am Heiligen Abend gelang ihm sein bestes Bild. Eine Katze, die sich im Sprung umdrehte. Der Maler war sehr zufrieden mit dem Bild. Es war noch feucht. Deshalb ließ er es zum Trocknen auf dem Zeichentisch liegen. Dann warf er sich in seinen Lieblingssessel vor den flackernden Kamin. Die Terrassentür hatte er trotz der Kälte einen Spalt offengelassen. Er wollte auf keinen Fall die Schmatzlaute des Katers verpassen.

Der Maler mußte eingenickt sein. Auf einmal hatte er das Gefühl, beobachtet zu werden. Er schlug die Augen auf. Vor ihm, auf dem abgetretenen Läufer, saß der Kater. Seine gelbgrünen Augen blickten ihn starr an.

»He!« rief der Maler. »Willkommen zu Hause!«

Vorsichtig streckte er seine Hand aus und hielt sie dem Kater entgegen. Der Kater beschnupperte die Hand, und unversehens drückte er seinen weichen, felligen Körper dagegen. Die Hand begann ihn sanft unter dem Kinn zu streicheln. Der Kater ließ es sich mit hocherhobenem Buckel gefallen. Doch als die Hand ihm über den Kopf streicheln wollte, zuckte er heftig zurück.

»Nun hab' dich doch nicht so!« sagte der Maler. Der Kater legte den Kopf schief, sah zu ihm auf. Plötzlich ließ er sich auf den Rücken fallen, dicht vor die Füße des Malers, und rollte sich genüßlich von einer Seite zur anderen. Als die Hand diesmal wiederkam, hielt er sie mit beiden Vorderpfoten spielerisch fest, während seine Hinterläufe wild durch die Luft strampelten.

»Na also«, sagte der Maler. »Du spielst mit mir, jetzt sind wir Freunde. Wenn ich nur wüßte, wie du heißt...?«

»Mau! Mau!« machte der Kater.

Der Maler lachte. »Schon verstanden: Du heißt Mau-Mau. Macht es dir etwas aus, Mau-Mau, wenn ich jetzt die Tür schließe? Es friert draußen. Aber das hast du ja sicher selber bemerkt!«

Auf dem Weg zur Terrassentür warf der Maler einen Blick auf sein Lieblingsbild. Das einzige, was man noch darauf erkennen konnte, waren Abdrücke von Katzenpfoten. Kopfschüttelnd nahm der Maler das Bild in die Hand.

»Mau-Mau!« rief er.

Mau-Mau antwortete nicht. Er hatte sich den Sessel erobert. Zusammengerollt sah er den Maler unter halbgeschlossenen Lidern an und schnurrte leise.

»Ach, was soll's!« sagte der Maler. Er zerknüllte das Bild und warf es in den Kamin. »Vielleicht hast du recht: Man kann Weihnachten nicht einfach wegmalen. Warum auch? Weihnachten ist gar nicht so übel, oder?«

Mau-Mau schnurrte leise.

# Peter Heim

## Zwei Fotografien

Sie hatten die Boote hoch auf den Strand gezogen, um sie vor den Dezemberstürmen zu schützen. Aber es gab noch immer dieses blau leuchtende Meer, den Himmel, über den der Wind seine Wolken trieb, und das Sandrund der Bucht, das schimmerte wie Gold.

Wenn Hanna morgens ans Fenster trat, erschien ihr dieses Bild immer wieder wie ein unverdientes Geschenk. Es war der dritte Winter, den sie auf Mallorca verbrachte. Die Kinder hatten das Haus seit Jahren gemietet, und einmal war Hanna auch im Sommer hiergewesen. Vier Wochen, die ihr wie ein flüchtiger Alptraum aus Turbulenz, Geschrei und Hitze in Erinnerung geblieben waren.

Nun war es still, sie sah an dem violetten Blütenschaum der Bougainvilleen vorbei zur Treppe, auf der ein kleiner Tonteller mit Milch stand. Die Milch war unberührt. Die Katze war auch heute nicht gekommen.

»Die schlägt sich alleine durch. Irgendwann taucht sie schon wieder auf«, hatte ihre Tochter gesagt und Hanna einen guten Flug gewünscht. – Irgendwann? Heute war Heiliger Abend. Und von der Katze keine Spur...

Sie ging zur Tür, um den Teller hereinzuholen. Vom Haus senkte sich ein mit kleinen Pinien bestandener

Hang zu den Felsen am Meer. Unten am Weg sah sie die hagere Gestalt eines Mannes. Der Wind, der hier so plötzlich wie mit Fäusten zuschlagen konnte, zerrte an seiner Jacke. Von der rechten Schulter hing ein roter Metallbügel. Eine Säge? dachte Hanna. Was will er damit? ...

Er war stehengeblieben, kletterte jetzt ungeschickt über eine Sandsteinkante zu einem der Nadelbäumchen, bückte sich, schüttelte mißbilligend den Kopf, wollte sich wieder erheben – und stürzte.

Selbst durch das sanfte Auf und Ab der Brandung war ein leises Stöhnen zu vernehmen.

Na, das hat er nun davon! dachte Hanna und rannte hin.

Sie brauchte keine zwei Minuten, da sah sie in zwei dunkelgraue Augen in einem von Schmerz verzerrten Gesicht. Der Mann hockte am Weg und massierte sich stöhnend den Knöchel.

»Haben Sie sich weh getan?«

»Aha! Auch Deutsche. Nur eine Deutsche kann so fragen. Klar hab' ich!«

»Geschieht Ihnen recht«, sagte Hanna erbarmungslos. »Man klaut keine Weihnachtsbäume. Und schon gar nicht in fremden Ländern. Nun kommen Sie schon, ich helfe Ihnen.«

Zwei Minuten hatten sie gebraucht, um den Weg zu erreichen. Nach weiteren zehn saß der Verletzte in ihrem Wohnzimmer im alten Korbstuhl am Fenster. Da kauerte sie nun, tastete einen kräftigen Männerknöchel ab und fühlte unter den Fingerkuppen die heiße Haut des geschwollenen Gewebes.

»Den haben Sie sich aber ganz schön verknackst. Wo wollten Sie eigentlich hin mit Ihrem Weihnachtsbaum?«

Er schwieg.

»Wohnen Sie hier?«

»Wohnen? Ich bin zum ersten Mal auf Mallorca.« Und dann, nach einem Zögern: »Eigentlich wollte ich schon immer mal hierher. Ich konnte nur nicht. Ich hatte nämlich noch einen Hund. Der ist jetzt auch gestorben... Mein Sohn sagte: Vergiß es, Papa! Komm, hier hast du ein Ticket. – Und dann fuhr er nach Bayern. Ski laufen.«

Sie versuchte sich seine Einsamkeit vorzustellen: Ein Mann, der einen Baum sucht, um damit einen Rest von Erinnerungen zu erhalten! Und wie stand es mit ihr? War es nicht dasselbe? Auch ihre Kinder waren im Winterurlaub. Und sie war dem geschenkten Ticket nur dadurch aus dem Weg gegangen, daß sie auf eigene Faust losflog.

»Ich hol' uns einen Cognac«, sagte Hanna. So saßen sie nun, nippten an ihren Gläsern und sprachen die unbeholfenen, belanglosen Dinge, die immer gesprochen werden, wenn Gefühle die Vernunft belagern. Hanna wußte nicht einmal seinen Namen. Warum stellte er sich eigentlich nicht vor?

Weihnachten! dachte sie und fragte, wie er den Abend verbringen werde.

Er strich sich über das kurze graue Haar. »An Weihnachten bin ich allein. Aber nicht einsam. Nur ein Bäumchen hätte ich gerne gehabt. Doch Sie haben ja recht: Ein Baum soll besser in der Erde bleiben...«

Sie wußte nichts damit anzufangen. Sie erhob sich: »Ich hole Ihnen jetzt eine elastische Binde. Die brauchen Sie.« Hanna suchte zehn Minuten, bis sie die Medikamentenschachtel schließlich im Nähkorb zwischen den zerschlissenen Jeans ihrer Enkel fand.

Als sie wieder ins Wohnzimmer kam, war der Sessel

leer. Einen stockenden Herzschlag lang schien es ihr, als habe sie den Mann nur geträumt. Von draußen ertönte das Geräusch eines Motors. Als Hanna zum Küchenfenster lief, sah sie einen kleinen blauen Mietwagen und durchs Rückfenster einen Schimmer grauer Haare.

*An Weihnachten bin ich allein, aber nicht einsam ...* Was meinte er damit? Und was für ein Weihnachten würde es für sie selbst werden? Das gleiche wie in den letzten drei Jahren: das »Lichterfest des Seniorenkreises Hotel Miramar«. Deutsches Satellitenfernsehen und Geschenkteller mit Plätzchen. Und Sauerbraten natürlich und zum Nachtisch original deutsche Erdbeertorte mit Filterkaffee. Dann die Dreimannkapelle, die »Stille Nacht...« spielte, und anschließend Sangria, viel Sangria, zuviel für die, die sich vorbeteten, ihre Welt sei in Ordnung, solange auf der Insel nur die Sonne scheine.

Am nächsten Nachmittag und wieder bei demselben unwirklich gläsernen Licht wanderte Hanna durch die Straßen von Porto Colom. Dort ging sie, wo im Sommer die Touristen wohnten und wo nun alle Fensterläden verrammelt waren und in den Hinterhöfen bellende Wachhunde an ihren Ketten zerrten.

Vor einem der grauen Appartementsilos stand der blaue Wagen; im zweiten Stock waren die Fenster geöffnet. Hannas Herz schlug bis zum Hals, als sie durch ein feuchtes Treppenhaus hochstieg. Klingeln gab es keine.

Also klopfte Hanna.

Die Tür ging so plötzlich auf, als habe er hinter ihr gewartet. Und die grauen Augen unter den dichten Bürstenbrauen waren weder abweisend noch ungehalten, rund waren sie vor Staunen.

»Sie?!«

»Wer denn sonst?« verkündete Hanna tapfer und versuchte mit einem tiefen Atemzug, die Sangria-Schwäche zu bekämpfen, die ihre Beine plötzlich versagen ließ. Oder war es die jähe Freude auf seinem Gesicht? »Was macht der Knöchel?«

»Gut, gut. – Cognac habe ich aber nicht.«

»Um Himmels willen!« Hanna hielt ihm die Plastiktasche entgegen, aus der ein Sägebügel ragte: »Da! Habe ich gefunden.«

»Ist aber lieb.«

»Nicht wahr? Früher haben die Damen ihre Taschentücher fallen lassen und gaben damit den Kavalieren einen Grund für einen Besuch. Und heute...« Sie wurde rot. Was redete sie da für Zeug?! Rannte sie ihm etwa mit einer Säge hinterher?

Er hatte es wahrscheinlich gar nicht verstanden. Er bat sie: »Treten Sie doch ein! Ich mache uns einen Kaffee.«

Hanna sah sich um. Außer drei schäbigen Kunststoffstühlen, einer Muschelsammlung und dem üblichen geschmacklosen Tourismusgeschirr gab es nichts zu sehen ... Doch? Auf dem Regalbrett in der Nische standen zwei Fotografien. Und daneben eine Vase, in der ein paar grüne Pinienzweige steckten. Und eine Kerze. Er hatte es tatsächlich fertiggebracht, eine Art Altar zu schaffen. Sie ging näher hin und sah das schüchtern lächelnde, ovale Gesicht einer Frau und daneben einen kleinen struppigen Bastardhund, der sie aus dunklen Beerenaugen anstarrte.

Als sie sich umdrehte, stand er vor ihr, das Tablett mit zwei Kaffeetassen in den Händen. In seinen Augen war ein Wissen, das sie schmerzte.

»Wann?« sagte sie nur.

»Sie?« Er blickte auf die Fotografie seiner Frau: »Vor sieben Jahren ... Und jetzt Wolfi. Ein Hund, werden Sie sagen. Aber es stimmt nicht. Er war ...«

Die Tassen begannen plötzlich zu klirren. Sanft nahm sie ihm das Tablett ab.

»Sieben Jahre ist viel Zeit, meinen Sie nicht?«

Er gab keine Antwort ...

Ein Inselausflug stand am darauffolgenden Freitag für Hanna auf dem Programm. Vergeblich hatte sie versucht, diesen sonderbaren Menschen zur Teilnahme zu bewegen. »Wenn ich was sehen will«, hatte Heinrich Albertz gesagt, »nehme ich das Auto und nicht den Bus. Und im übrigen lese ich lieber ein Buch.«

So fuhr sie allein, fuhr mit all den anderen hinauf nach Alcudia, dann die Gebirgskette entlang, Bild schob sich vor Bild, ein Eindruck löschte den anderen, aber die ganze Zeit, während der ganzen Fahrt wurde sie dieses Gesicht nicht los. Die Trauer in den grauen Augen, die Fragen, die darin wohnten, Fragen, auf die es keine Antworten gab.

Hanna wußte nicht, wie sie diesen Nachmittag erlebte, er blieb ohne Erinnerung. Sie lächelte automatisch, sprach mit den anderen, kaufte auch irgend etwas, eine dickwandige Glasvase, die sie nicht brauchen konnte und die ihr auch gar nicht gefiel und die sie im Arm trug, als sie am Abend von der Bushaltestelle hinauf zum Haus ging.

Es war kalt geworden. Der Wind, der von den Felsen kam, blies ihr Sand und Staub ins Gesicht. Sie fühlte sich elend. Morgen ist Silvester, dachte sie. Noch ein Fest?! Du wirst es nicht durchstehen ...

In der kleinen Wegbiegung, von der aus man das Haus sehen konnte, blieb sie stehen, drei flache, überraschte Atemzüge lang.

Und dann begann Hanna mit kurzen, schnellen Schritten wieder zu gehen – dem Mann entgegen, der dort neben einer Zypresse kauerte, jetzt den Kopf hochnahm und ihr entgegensah. Er war nicht allein. Im Arm hielt er eine kleine, magere, fahlweiß gefleckte Katze.

»Ich hab' sie hier gefunden«, sagte Heinrich Albertz. »Sie kam aus dem Wald, ganz plötzlich. Sie ist so zahm. Und Hunger hat sie auch.«

Hanna spürte ein Brennen in den Augen. Sie versuchte zu lächeln.

»Vielleicht könnten Sie sie ins Haus nehmen?« sagte er.

»Und ob ich das kann! Jeden Tag habe ich Milch rausgestellt. Sie gehört doch hierher. Ich habe die ganze Zeit auf sie gewartet.«

Er streichelte den kleinen runden Kopf des Tieres: »Siehst du«, murmelte er, »hier geht's dir gut. Hab ich's dir nicht gleich gesagt? Und das feiern wir jetzt. Champagner habe ich nämlich auch. Und morgen ist Silvester.«

»Ja«, sagte Hanna, und nun konnte sie endlich lächeln: »Morgen beginnt ein neues Jahr!«

# Renate Fabel

## Winterstellung

Schneeflocken tanzen in der Luft, lassen sich *partout* nicht von mir erhaschen. Die gleiche Misere mit den riesenhaften schwarzen Federbalgen, die unerlaubterweise die kahlen Blumenrabatten stürmen, sich die Seele aus dem Leib krakeelen. Ein eisiger Wind weht.

Das Schloß ist verwaist, der König in einem schwarzen Kasten auf Rädern abgereist. Mit ihm der größte Teil seiner Dienerschaft. *Naturellement* auch Biche, was nicht gerade zu meinem Wohlbefinden beiträgt. Nicht mal verabschiedet hat sie sich von mir, die Bestie! Im Gegenteil. In einem albernen Mantel eingeknöpft nahm sie neben dem König Platz, starrte hochmütig geradeaus, als tät' ich gar nicht existieren.

Keine Biche, kein König Fritz, keine köstlichen Dîners. Und weit und breit keine Katzenhur', die mich trösten könnt'. Bloß Johann, der Lakai, den ich *quelquesfois* auf der Terrasse herumstolzieren seh'. Aber dem tu' ich nicht schön, damit er mir vielleicht die Tür zum Schloß aufmacht, kommt nicht in die Tüte. Schwänzelt mir zu sehr um den König herum, der Perückenstock, stinkt dazu *terriblement* nach Parfum.

Lausige Zeiten! Bleibt nichts übrig, als in die Mühle zurückzukehren. Laut dringt das Klappern zu mir herüber, weckt richtige Heimatgefühle. Vielleicht, daß Willy mir Winterquartier bietet.

Der *pauvre* Willy! Hat nicht nur das gleiche verpickelte Gesicht wie ehedem, sondern noch dazu einen ganz krummen Buckel vom Säckeschleppen. Außerdem nicht unbedingt die besten Nerven, denn er flennt los vor Rührung, als ich mit einem Mal vor ihm steh'.

»Menschenskind, Fritzi, daß du noch lebst! Herrgott! Und so'n feines Fell, wohnst jetzt wohl bei richtigen Herrschaften. Gib bloß acht auf den Vater, zieht dir sonst eins über mit dem Riemen. Kann Ausreißer auf den Tod nicht leiden, kommen bei ihm gleich nach Vaterlandsverrätern. Wo biste nur gewesen, Fritzi?«

Ja, wo wohl? Lustlos ziehe ich mich in die Mühle zurück, wo's noch genauso rumpelt und rattert wie ehedem, die Mäusebagage sich aber inzwischen verdutzendfacht hat. Schändliche Verhältnisse! Marschieren mir im wahrsten Sinne des Wortes auf der Visage herum. Himmelherrgott! Muß ich mich denn um alles kümmern?

Die ganze Nacht über bin ich im Einsatz. Das feine Hofleben hat mir nicht geschadet, *au contraire*. Von fünfzehn Mäusen lege ich dem Müller am nächsten Morgen Stücker zehn vor die Tür, akkurat nebeneinander, quasi vor seine Füße!

Den Rest gönn' ich mir selbst. Hab' ich ja wohl auch verdient bei der Rackerei! Von wegen Riemen! Als der Alte die Bescherung sieht, murmelt er was Unverständliches in seinen Bart, kippt aber später wie zufällig einen Rest Milch vor mir aus. *Voilà*. Oder auf gut preußisch: siehste. Der backt inzwischen auch schon kleinere Baguettes (pardon, Schrippen).

Zwischen Leos grindigen Pfoten (der sentimentale

Kerl bringt sich vor Wiedersehensfreude fast um, genauso wie Paulchen, der klapprige Mülleresel) schlafe ich mich aus, träume von seidenen Kissen und einem Seidenfell. Nein, zur Müllerkatze taug' ich wirklich nicht mehr.

# Lydia Adamson

## Weihnachtstheater

Es war am Tag vor Weihnachten, einen Tag nach meinem einundvierzigsten Geburtstag. Ich saß auf dem Fußboden meiner Wohnung, in Jeans, einem weißen Seemannspullover und pelzgefütterten Hausschuhen.

Ich hatte gerade mit meiner alljährlichen Grübelei über die Wahrscheinlichkeit des Friedens auf Erden, der Liebe unter den Menschen und all den anderen weihnachtlichen Illusionen angefangen, als das Telefon fröhlich klingelte. Schwungvoll nahm ich den Hörer ab. Eine tiefe Stimme gab sich als Mr. Harmon vom Verein zur Verhinderung von Grausamkeiten an Mensch und Tier zu erkennen.

»Spreche ich mit Alice Nestleton?« fragte Mr. Harmon.

»Am Apparat«, erwiderte ich verdutzt.

»Man hat soeben Ihre Katze aufgegriffen. Sie hat in einem Hundesalon einen Ladendiebstahl begangen«, sagte Mr. Harmon mit schroffer Stimme. »Nun? Was wollen Sie, als die Besitzerin des Tieres, in dieser Sache unternehmen?«

Bevor ich auf diese sehr seltsame Anschuldigung etwas erwidern konnte, veränderte sich die Stimme, und ich erkannte, daß Harry Starobin am Apparat war. Er hatte wieder mal einen seiner Scherze gemacht.

»Keine Angst, Alice«, sagte er. »Deine Katzen wüßten nicht mal, wie man einen Ladendiebstahl begeht, würde man sie in einem Fischgeschäft aussetzen. Bist du schon reisefertig? Wir erwarten dich.«

»Ich bin soweit fertig, Harry«, erwiderte ich; dann hörte ich zu, als er mir erklärte, wo er mich abholen wollte, wie jedesmal. Dann legte er ohne ein weiteres Wort auf, wie jedesmal. Ich ließ den Hörer in die Gabel fallen und fühlte mich eigenartig, wie jedesmal nach einem von Harrys seltenen Anrufen. Ich kam mir wie ein Kind vor, das irgend etwas angestellt hat. Warum fühlte ich mich so? Verärgert über mich selbst, machte ich, daß ich in die Gänge kam. Schließlich stand Weihnachten vor der Tür.

Bushy, mein Maine-Coon-Kater, schlief auf der gehäkelten Wolldecke, die über dem kastanienbraunen Samtsofa ausgebreitet war.

»Mach die Augen auf, Bushy«, sagte ich. »Hier ist dein Weihnachtsgeschenk.«

Ein Augenlid hob sich, schloß sich wieder. Eine Pfote zuckte. Bushy war offensichtlich nicht interessiert.

Ich machte die Schachtel auf und ließ Bushys Geschenk neben ihn auf das Sofa fallen. »Fröhliche Weihnachten, Bushy«, sagte ich und kraulte zärtlich eins seiner wunderschönen Ohren, um seine Aufmerksamkeit zu erregen. Bushy schlug die Augen auf, zuckte mit den Ohren und starrte auf den Basketball. »Das ist kein x-beliebiger Basketball, du dummer Kater. Das ist ein ganz besonderer Ball. Guck dir mal an, wie schön er ist.«

Ich hatte das häßliche Ding bei Schwartz entdeckt, dem größten Spielwarenladen New Yorks. In den Gummiball waren farbige, scheußliche Muster geprägt. In dem Augenblick, als ich den Ball gesehen hatte, wußte ich, daß er Bushy gefallen würde. Der Ball war eine psychedelische Kugel. Ein Ball aus dem Weltraum. Aus einer anderen Dimension. Er würde perfekt zu Bushys spleenigem Charakter passen. Ich konnte mir richtig vorstellen, wie er den Ball durchs Zimmer pfefferte.

Als Bushy sich nicht rührte, rollte ich den Ball übers Sofa, bis er vor Bushys Nase lag. Er beschnupperte ihn, gähnte und drehte sich auf den Rücken, so daß seine Beine wie die eines toten Vogels in die Höhe gestreckt waren. Dann schlief er weiter.

Soviel zu dem Geschenk. Na ja, ich hatte ja noch Pancho.

Ich brachte Panchos Geschenk in die Küche. Es war eine kleine Plastikschüssel mit Saffranreis. Aus unerfindlichen Gründen hatte Pancho eine Leidenschaft für indische Speisen entwickelt. Allerdings war auch Pancho eine sehr seltsame Katze.

Ich hatte ihn drei Jahre zuvor beim Verein gegen den Mißbrauch der Tiere adoptiert, als er ungefähr sechs Monate alt gewesen war. Panchos Fell war vollkommen grau. Seine Augen waren gelb. Seine Barthaare waren rostfarben. Ihm fehlte ein Stück vom Schwanz, und an der rechten Weiche hatte er eine große, häßliche Narbe.

Pancho schien nur ein Lebensziel zu haben: seinen Feinden zu entkommen. Von diesem Gedanken erfüllt, verbrachte er seine Tage und Nächte damit, durch meine Wohnung zu flitzen. Er liebte Schränke und Bücherregale und Fenstersimse. Je höher, je besser.

Ich nahm den Deckel von der Plastikschüssel und stellte sie ins Spülbecken. »Fröhliche Weihnachten, Pancho«, rief ich.

Für einen Augenblick hörte ich nichts; dann ein Zischen, und eine Sekunde später sah ich einen grauen Schemen, der von Schrankdach zu Schrankdach huschte. Und *zack* – schon hockte Pancho im Spülbecken, das Maul im Reis vergraben.

Ich machte mich daran, das kleine gegrillte Hähnchen auszupacken, das ich zum Abendessen gekauft hatte. Um sechs Uhr erwartete ich Carla Fried. Ein schöneres Weihnachtsgeschenk als Carlas Besuch hätte ich gar nicht bekommen können. Sie war eine alte, liebe Freundin, die ich seit Jahren nicht gesehen hatte. Auf dem College waren wir in einem Zimmer untergebracht gewesen. Wir hatten gemeinsam Schauspiel studiert. Dann waren wir nach New York gezogen und hatten bis zu meiner Heirat zusammen gewohnt; nach meiner Scheidung dann noch einmal, allerdings nur für kurze Zeit.

Ich freute mich riesig auf Carlas Besuch; ich konnte es gar nicht abwarten, mit ihr über das Theater zu reden. Wie sehr hatte ich mich nach Gesprächen über Schauspielerei gesehnt, seit ich einsamer und einsamer geworden war! Warum ich einsam war? Na ja, ich hatte den Ruf, »schwierig« und »schrullig« und ein »bißchen verrückt« zu sein.

Der Grund dafür war die schlichte Tatsache, daß mich das herkömmliche amerikanische Theaterleben nicht mehr interessierte. Ich sehnte mich nach etwas Neuem; irgend etwas im Grenzbereich. Ich war auf der Suche nach einem Avantgarde-Theater, das noch gar nicht existierte – und weil das so war, hatten sich viele alte Freunde von mir entfremdet. Meine Leidenschaft für das Außergewöhnliche hatte dazu geführt, daß ich bei einer Reihe eigenwilliger Inszenierungen exzentrischer Theaterregisseure kurze Gastspiele gab. Ein Gutes hatte die Sache allerding: Da Akademiker sich stets durch die Avantgarde angezogen fühlen, bekam ich hin und wieder die Gelegenheit, als Dozentin an theaterwissenschaftlichen Fakultäten zu lehren.

Ob es an meiner Vorliebe für die Avantgarde gelegen hatte, daß mir als Schauspielerin der Durchbruch versagt geblieben war? Wer weiß. Mein Exgatte pflegte zu sagen, daß ich den Sprung nach oben sowieso nie geschafft hätte, da ich auf »seltsame Weise zu schön« sei; die Verkörperung der sexuellen Phantasien eines jeden Mannes, eine Figur wie Virginia Woolf, die sich in einem durchsichtigen Laura-Ashley-Kleid durch eine düstere, wilde Moorlandschaft bewegt. Ich war hochgewachsen, mit goldblondem Haar, bemitleidenswert dünn und stets verfügbar: zur einen Hälfte Vamp, zur anderen Hälfte Kindfrau. Jedenfalls hatte mein Exmann sich so ausgedrückt.

Ich legte das gegrillte Hähnchen auf einen Pappteller und hüllte es in Zellophanpapier ein. Anschließend machte ich Tomatensalat und deckte den Tisch.

Dann wurde es Zeit, meine Siebensachen zu packen.

Die Katzen und ich fuhren morgen früh nach Old Brookville, Long Island. Dort sollte ich, wie jedes Jahr, drei Tage als Catsitter arbeiten. Mit anderen Worten: die Katzen von Harry und Jo Starobin füttern, auf sie aufpassen und so weiter und so fort.

Nun gibt es solche und solche Catsitter-Jobs. Die meisten beschränken sich auf tägliche kurze Besuche bei Katzen, die in Wohnungen leben, deren Besitzer auf Geschäftsreise oder in Urlaub sind. Ich hole die Post aus dem Briefkasten. Ich mache die Tür auf. Ich füttere die Katze. Ich gebe den Blumen Wasser. Ich rede mit der Katze. Und dann gehe ich wieder.

Mein alljährlicher Catsitter-Job bei den Starobins war etwas ganz anderes. Auf Harrys alter Farm schlief ich mit meinen eigenen Katzen in einem kleinen Cottage, brachte allerdings die meiste Zeit damit zu, die acht Himalayan-Katzen der Starobins zu versorgen, die im Haupthaus der Farm lebten. Jahr für Jahr verbrachten die Starobins das Weihnachtsfest in Virginia; sobald ich bei ihnen war, fuhren sie los. Es war ein lukrativer Job; er machte Spaß und verschaffte mir die Gelegenheit, mal aus Manhattan rauszukommen. Außerdem mochte ich die Starobins. Als ich sie kennengelernt hatte, waren sie mir auf Anhieb sympathisch gewesen – ich hatte sie unter sehr schmerzlichen Umständen kennengelernt.

Einer meiner Freunde – er lehrte als Dramatiker an der New Yorker Uni – hatte Selbstmord begangen. Jedenfalls behauptete das die Polizei. Ich glaube nicht daran, denn ich hatte ungefähr zehn Tage vor seinem Tod mit ihm gesprochen, und er hatte überhaupt keinen deprimierten Eindruck auf mich gemacht. Jedenfalls fuhr ich sofort nach Stony Brook und erbot mich, das Büro und die Wohnung meines verstorbenen Freundes sauberzumachen, da er keine lebenden Verwandten hatte. Und dabei entdeckte ich, daß es kein Selbstmord gewesen war. Er hatte einen männlichen Studenten verführt. Der junge Bursche hatte meinen Freund ermordet und dessen Selbstmord vorgetäuscht. Als ich mehrere Briefe des Studenten fand, die er an meinen Freund geschrieben hatte, zeigte ich sie der Polizei, woraufhin der Student vernommen wurde. Er gestand zwar den Mord, behauptete jedoch, das Opfer einer homosexuellen Vergewaltigung gewesen zu sein. Als es zur Verhandlung kam, glaubten die Geschworenen dem Studenten. Sie verurteilten ihn wegen Totschlags im Affekt zu läppischen achtzehn Monaten Gefängnis.

Mein ermordeter Freund hatte zwei niedliche Katzen hinterlassen. Von einem Professor am Institut für Theaterwissenschaften erfuhr ich, daß ein Ehepaar mit Namen Starobin ganz gewiß ein neues Heim für die Katzen finden würde – wenn es jemanden gab, der das rasch und problemlos erledigen könne, dann die Starobins. Der Professor hatte recht. Harry und Jo Starobin fanden ein neues Zuhause für die Katzen. Und als sie erfuhren, daß ich eine Schauspielerin war, die ihren Lebensunterhalt hauptsächlich durch Catsitten verdiente, gaben sie mir den Job.

Ich nahm zwei Vuitton-Reisetaschen – Geschenke eines alten Bewunderers – aus dem Schrank, brachte sie ins Schlafzimmer, stellte sie aufs Bett und fing an zu packen: Zuerst kamen die Handtücher, dann Schuhe, dann Toilettenartikel, dann Katzenfutter, dann meine Kleidung, dann ein paar Glenn-Gould-Musikkassetten, dann eine neue Biographie über Eleanora Duse. Dann machte ich Pause. Ich hatte noch mehr zu packen, aber ich war müde. Ich ging durch den langen Flur ins Wohnzimmer, legte mich neben Bushy und dessen psychedelische Kugel aufs Sofa und schlief ein.

Ein paar Minuten nach sechs Uhr abends weckte mich die Türklingel. Ich sprang auf, rannte los, um den Knopf des Türöffners zu drücken, und trat dabei unabsichtlich gegen Bushys neues Spielzeug, das quer durchs Zimmer flog, bis es klirrend gegen eine Lampe prallte. Ich war von meinem Nickerchen noch so benommen, daß ich mich für einen Augenblick fragte, wie so ein häßlicher Basketball in meine Wohnung gekommen war; dann stellte ich mir verwundert die Frage, warum ich nirgends einen Christbaum entdecken konnte, bis mir einfiel, daß ich ja keinen Weihnachtsbaum mehr kaufte, weil die Katzen die Nadeln fraßen. Ich hatte offenbar sehr tief geschlafen.

Ich öffnete die Tür, trat auf den Flur und ging zum Treppenhaus, um nachzuschauen, ob es sich bei meinem Besucher tatsächlich um Carla handelte. Falls es jemand anders sein sollte – in meiner Nachbarschaft war alles möglich –, würde ich mich schleunigst in die Sicherheit meiner Wohnung zurückziehen.

Ich lehnte mich über das Geländer und sah auf dem Treppenabsatz im zweiten Stock eine Frau. »Bist du das, Carla?«

»Nein«, rief sie zu mir hoch. »Der Nikolaus.«

Ich beobachtete, wie sie die letzten beiden Treppen hinaufstieg. Ja, es war Carla, aber sie sah anders aus als früher.

Ich hatte Carla Fried als extravagante junge Frau in Erinnerung. Ihre Kleidung, ihr Auftreten und ihre Ansichten waren immer ziemlich extravagant gewesen. Aber die Frau, die jetzt auf mich zukam, trug einen nüchternen Geschäftsanzug mit allem Drum und Dran, sogar mit Krawatte. Über einem Arm lag ein teurer Mantel aus Kalbsleder. Ich wußte natürlich, daß Carla inzwischen Leiterin einer gefeierten Theatertruppe in Montreal war; aber das war denn doch ein bißchen viel des Guten.

Doch meine kritische Distanz schwand dahin, als Carla schwungvoll die letzten Stufen nahm. Wir umarmten uns wie Teenager und lachten und schluchzten zugleich.

Dann zog ich Carla in meine Wohnung, nahm Bushy auf den Arm und drückte Carla das langhaarige, rotweiße Bündel an die Brust. Carla kuschelte Bushy an sich. Er blickte total perplex drein.

»Und das ist Pancho«, sagte ich und zeigte auf meinen zweiten Liebling. Er saß in Angriffshaltung auf dem Tisch, in gefährlicher Nähe zum gegrillten Hähnchen.

»Es ist so lange her, seit wir uns das letzte Mal gesehen haben«, sagte Carla und setzte sich aufs Sofa. Sie war ein bißchen pummelig geworden und hatte ihr langes schwarzes Haar zu einem altjüngferlichen Knoten gebunden. Außer Lidschatten trug sie kein Make-up.

»Trinkst du immer noch Heineken-Bier?« fragte ich.

»Immer.«

Ich ging in die Küche und kam mit einer Flasche zurück, ohne Glas, denn ich konnte mich erinnern, daß Carla ihr Bier immer schon lieber aus der Flasche getrunken hatte.

In dem Augenblick, als ich neben ihr saß, fingen wir auch schon an, über alte Freunde zu plappern, über alte Geschichten und ehemalige Liebhaber; über Männer, Theater, Wohnungen, Essen, das Wetter, die Politik; über Montreal und New York; über Gott und die Welt.

Unser Geschnatter endete so plötzlich, wie es angefangen hatte. Carla lehnte sich zurück und nuckelte an der Flasche. Ihr Gesicht war immer noch wunderschön, doch ich konnte die ersten grauen Haare in ihrer Knotenfrisur entdecken.

»Wo hast du dich einquartiert, Carla?« fragte ich.

»Im Gramercy-Park-Hotel.«

»Oh, vom Feinsten«, bemerkte ich und fügte hinzu: »Du kannst gern ein paar Tage bei mir wohnen. Ich reise morgen früh ab.«

»Warum?«

»Ein Catsitter-Job auf Long Island.«

»Ach ja, ich habe davon gehört.«

»Du hast davon gehört?«

»Na ja, als ich letztes Jahr in Chicago gewesen bin, hat Jane mir erzählt, daß du Catsitterin geworden bist, weil deine Vorlieben, was das Theater angeht, ein bißchen ins Verrückte abgeglitten sind.«

Ich lachte. »Katzen und Verrückte habe ich schon immer gemocht, Carla.«

»Es fällt mir wirklich schwer, mir vorzustellen, daß du in einem bemalten Trikot über die Bühne hüpfst, während neben dir eine nackte Frau Cello spielt und ein halb Bekloppter dem Publikum wüste Beschimpfungen an den Kopf wirft.«

»Die Zeiten ändern sich, wie auch der Geschmack«, stellte ich fest und zeigte auf ihr neues Outfit. Sie spielte die Beleidigte; dann warf sie ein Kissen nach mir.

»Ich habe noch was gehört, Alice. Daß du dich neuerdings mit Verbrechen beschäftigst.«

»Meinst du Ladendiebstahl?«

»Ich meine Tyler.«

Tyler war mein schwuler Freund aus Stony Brook, der von dem Studenten ermordet worden war.

»Das war eine sehr seltsame Geschichte, Carla. Die Polizei rief mich an und sagte mir, Tyler hätte Selbstmord begangen – sich die Pulsadern aufgeschnitten. Aber nur zehn Tage vor seinem angeblichen Selbstmord hatte ich mit ihm gesprochen, und da ging es ihm wirklich gut. Außerdem wußte ich, daß Tyler sich nie und nimmer die Pulsadern aufgeschnitten hätte. Er konnte auf den Tod kein Blut sehen – entschuldige den dummen Ausspruch. Jedenfalls bin ich nach dem Anruf der Polizei zu Tylers Wohnung gefahren, um dort sauberzumachen. Da habe ich dann die Briefe gefunden, die der Student an Tyler geschrieben hatte – sehr eindeutige Briefe. Ich habe zwei und zwei zusammengezählt und bin zur Polizei gegangen. Und dann stellte sich heraus, daß Tyler und der junge Mann Liebhaber gewesen waren und daß Tyler den Preis dafür bezahlt hatte, daß es zwischen den beiden nicht mehr klappte.«

»Das ist aber eine komische Ausdrucksweise, Alice.«

»Welche Ausdrucksweise?«

»Daß es ›zwischen den beiden nicht mehr klappte‹.«

»Na ja, jedenfalls hat der Student ihn ermordet.«

»Wieso hat die Polizei es für Selbstmord gehalten?«

»Weil Tylers Handgelenke mit einer Rasierklinge aufgeschlitzt waren. Der Student hatte Tyler zuerst in der Badewanne ertränkt und ihm anschließend sofort die Pulsadern geöffnet. Gräßlich, aber einfallsreich. Die Polizei hielt die Sache für einen ganz normalen Selbstmord mit dem üblichen Verlauf: der Betreffende schneidet sich die Pulsadern auf; dann tritt der Blutverlust ein, dann die Bewußtlosigkeit und dann der Tod durch Ertrinken.«

»Igitt.«

»Genau.«

»Tyler war ein wunderbarer Mann«, sagte Carla. »Kannst du dich noch an den Essay erinnern, den er über Pinters *Geburtstagsparty* geschrieben hat?«

»Über *Die Heimkehr*«, verbesserte ich sie.

»Na ja, jedenfalls solltest du mich mal in Montreal besuchen, wenn du etwas für scheußliche Morde übrig hast. Metzeleien gehören zu den Besonderheiten der zweisprachigen Gesellschaften.«

»Carla! Ich habe nichts für scheußliche Morde *übrig*.«

»Bist du schon mal bei uns im Norden gewesen?«

»Nein.«

»Es ist wirklich sehr schön dort.«

»Du meinst, für dich ist es schön dort, nicht wahr?«

Carla nickte und sagte lachend: »In letzter Zeit sogar noch schöner. Hast du schon mal von Thomas Waring gehört?«

»Nein.«

»Waring ist ein spleeniger kanadischer Millionär. Er hat nicht alle Tassen im Schrank. Der Kerl glaubt, er könnte sich Kultur kaufen – einfach *alles* kaufen. Deshalb hat er mir anderthalb Millionen gegeben.«

»Dir ... gegeben?«

»Genau. Mir gegeben. Schlicht und einfach gegeben. Er hat mir eine Million fünfhunderttausend Dollar gegeben, für die ich im nächsten Jahr drei Theaterstücke herausbringen soll. Macht eine halbe Million pro Stück. Kannst du dir vorstellen, was das für uns bedeutet? Die letzten drei Jahre mußte ich meine Inszenierungen für 'nen Apfel und ein Ei machen.«

»Was möchtest du denn aufführen?«

»Zuerst *Romeo und Julia* – im nächsten Herbst. Und rate mal, wen wir uns als Regisseur an Land gezogen haben.«

»Grotkowski«, sagte ich im Scherz.

Carla lachte und klatschte in die Hände; sie erinnerte sich offenbar an die hitzigen Streitgespräche, die wir über diesen polnischen Regisseur geführt hatten, als dieser seine Theorien in Amerika verbreitete.

»Nein«, sagte Carla, »Grotkowski nicht. Aber du bist nahe dran. Versuch es noch mal.«

»Ich geb's auf.«

»Portobello«, sagte sie.

»Giovanni Portobello?«

»Genau der.«

»Das ist ja phantastisch«, sagte ich. Am Hunter College hatte ich Vorlesungen von Portobello besucht. Er war ein winziger, mißgebildeter Mann, der so leise redete, daß man ihn kaum hören konnte. Aber seine Ideen waren aufregend. Beispielsweise vertrat er die Meinung, daß Shakespeare so volkstümlich sei, so tief im Bewußtsein der Öffentlichkeit verankert, daß seine Stücke gar keine Theaterstücke mehr wären, sondern so etwas wie Gassenhauer. Nach Portobellos Ansicht mußte Shakespeare dem Publikum auf eine Weise nahegebracht werden, daß eine vollkommene Authentizität von Kostümen und Sprache gewahrt blieb; andererseits veränderte er eine oder mehrere Hauptfiguren radikal – ja, Portobello deformierte sie in gewisser Weise –, so daß dem Publikum bei seinen ansonsten durch und durch herkömmlichen Inszenierungen eine Art intellektueller Stromschlag versetzt wurde. Zwei von König Lears Töchtern, zum Beispiel, hatte Portobello wie Berliner Nutten aus den zwanziger Jahren kostümiert, während alles andere streng elisabethanisch blieb. Und das war für Portobello erste der Anfang; in seinen Theorien ging er noch sehr viel weiter.

»Freut mich, daß es dir gefällt, Alice«, sagte Carla.

»Tja, aber dir kann es ja egal sein, ob mir gefällt, was du tust«, erwiderte ich.

»Das stimmt. Bis jetzt. Denn ich möchte dich gern als Schauspielerin engagieren.«

Die Kehle war mir wie zugeschnürt. Zuerst konnte ich gar nichts erwidern. Mit so etwas hätte ich nie im Leben gerechnet. Ich fühlte mich ganz seltsam, als würde ein fetter Käfer meinen Arm hinaufkrabbeln. »Hast du schon Hunger?«, fragte ich schließlich.

Sie hielt die Flasche in die Höhe, um mir zu verstehen zu geben, daß sie lieber erst ihr Bier austrinken wollte.

Ich stand auf und trat ans Fenster auf der anderen

Seite des Zimmers. Die Straße tief unten war vereist. Erst jetzt wurde mir so richtig klar, wie phantastisch Carlas Angebot war. Mir traten die Tränen in die Augen. Als ich ein junges Mädchen auf einer Milchfarm in Minnesota gewesen war und vom Theater geträumt hatte, waren alle meine Sehnsüchte auf ein einziges Ziel gerichtet: Julia. Die Rolle aller Rollen, wie es sie nie zuvor gegeben hatte und nie wieder geben würde. Bei Julia sind Liebe und Tod und Erotik und Verdrängung in einem Körper vereint ... sozusagen. Ich wollte nicht, daß Carla meine Tränen sah, obwohl sie natürlich Verständnis dafür haben würde, daß ich vor Freude weinte. Wie konnte man eine *wirkliche* Schauspielerin sein, ohne die Julia gespielt zu haben? Ganz von selbst gingen mir die Dialoge durch den Kopf. Was für ein phantastisches Geschenk Carla mir gemacht hatte! Die Julia!

Dann hörte ich sie sagen: »Die Rolle der Wärterin ist wundervoll, Alice. Sie ist dir wie auf den Leib geschrieben.«

Die Enttäuschung kam so plötzlich und mit grausamer Gewalt, daß ich mich am Fensterrahmen festhalten mußte. Nicht die Julia. Die Wärterin. Beinahe schämte ich mich ob meiner Überheblichkeit und der Wahnvorstellung, die Julia spielen zu dürfen. Ja, hatte ich denn den Verstand verloren? Wie konnte eine Frau von einundvierzig Jahren ernsthaft damit rechnen, daß ihr die Rolle der Julia angeboten wurde?

Ich drehte mich zu Carla um und sagte mit der fröhlichsten, freudigsten Stimme, die ich zustande brachte: »Laß uns jetzt essen, Carla.«

# Colette

## Ein Märchen für die Kinder der Soldaten

An der Schwelle einer Hütte aus Erde und Latten hielt der Soldat Wache. Er war in zerfetzte Wolle gehüllt, die Füße hatte er sich mit Lappen umwickelt, auf dem Kopf saß ihm eine dicke gestrickte Mütze. Schwer und massig sah er aus, wie ein rohes Götzenbild, in groben Umrissen aus dem Felsen gehauen. Doch wenn er den Kopf zu dem unerbittlichen Mond emporhob, konnte man den langen blonden Bart eines jungen Mannes unterscheiden und zwei Augen, so blau wie die Nacht.

»Es ist kalt«, flüsterte er, »es ist kalt.«

Nicht daß er vor Kälte gezittert hätte, er murmelte diese Worte beinahe unbewußt vor sich hin und betrachtete den weißen Hauch seines Atems. Er horchte in die Stille hinaus, so wie man auf einen ungewohnten Lärm horcht, in die seit kurzem herrschende unerklärliche Stille, in der Donner und Wetterleuchten des Kartätschenfeuers fehlten. Rings um ihn gab es nur Trümmer, Schutt, zermalmte Steine und Asche, die Schlacken der Schlacht, die nichts Großes zurückläßt als die Toten.

Der Soldat auf der Wache schlug sich einen Augenblick lang mit beiden Fäusten gegen die Rippen, dann stand er wieder unbeweglich. Lange Tage des Frostes und der Ostwind der Nächte hatten der Erde ihre braune, lebendige Feuchtigkeit genommen. Nur der Staub einer Kälte ohne Schnee bedeckte die Hütte, den Haufen gehackten Holzes, die Fußlappen und die rissigen Wangen des jungen Soldaten.

Plötzlich kam etwas herbeigesprungen und stand still: ein kleiner Marder, gelb in seinem neuen Winterkleid, war auf der Jagd. Er setzte sich wie ein Eichhörnchen hin, kämmte seinen Schwanz, kratzte sich und betrachtete den Mond.

»Pss, pss«, machte der Soldat.

Der Marder sprang auf, lustig, als ob er mit dem ganzen Körper in Lachen ausbräche, und verschwand.

Der Soldat rüttelte sich aus seiner gelassenen Ruhe, trat in das Innere der Hütte und betrachtete bei der niedrigen Flamme einer Lampe seine dürftigen Besitztümer: eine Decke, Waffen, einige aufgeschlagene Zeitungen.

»*Für unsere Soldaten*«, las er. »*Weihnachtsgaben für unsere Soldaten. Weihnachten im Felde.* Ach richtig, morgen ist ja Weihnachten ... Weihnachtsgaben für unsere Soldaten. Soldat sein, ach! Ich bin kein tüchtiger Soldat. Der Anblick von Blut entsetzt mich, die Kälte läßt mich erstarren. Ich wollte, ich hätte ein Fell wie der Marder ... Diese Kälte ist fürchterlich, ich habe Angst, einzuschlafen ... Wenn ich ein Fell hätte wie der Marder, richtig behaart wäre wie ein Tier ...«

Er träumte, halb auf sein Lager gestreckt, erstarrt, verlockt von der ewigen Unbeweglichkeit. »Aber könnte mich ein Fell jetzt noch wieder wärmen? Ist es nicht zu spät?« Er versuchte, sich wieder zu erheben, doch seine Beine gehorchten ihm nicht. »Der Tod kommt. Der Schlaf des Todes. Ein wenig Wärme hätte mich retten können ... Hätte ich ein ...«

»Was denn?« kläffte ein scharfes Stimmchen, ein Marderstimmchen. »Einen Pelz? Du brauchst nur zu wählen und einen Wunsch auszusprechen.«

Der Marder, der auf der Decke saß, bewegte die Spitze seiner Schnauze mit lehrhaftem Nachdruck und spielte, während er sprach, mit dem blonden Bart des Soldaten.

»Er spricht«, sagte dieser bei sich. »Liegt die Welt schon hinter mir, auf der Menschen und Tiere, Feinde und Brüder einander nicht mehr verstehen?«

»Weißt du denn nicht«, fuhr der Marder fort, »daß die heutige Nacht eine besondere ist? Das könnte man noch hingehen lassen. Wieso aber hast du nicht bei meinem bloßen Anblick vorhin erraten, daß ich ein ganz besonderer Marder bin? ... Du willst also einen Pelz, ein Fell, das dir richtig aus der Haut wächst, einen Pelz, in dem du umherlaufen und kämpfen und wohlig warm schlafen kannst?«

»Wohlig warm...«, wiederholte der Soldat. »Wohlig warm ... ach, wie herrlich muß es sein, wenn einem warm ist...«

»Dreh dich um!« befahl der Marder. »Und wähle.«

Ein langhaariges Füllen kam auf stummen unbeschlagenen Hufen angetrabt, man wußte nicht, woher. Wie ein Engländer lächelnd, zeigte es seine großen Zähne und wieherte dem Soldaten zu.

»Du willst ein Fell? Nimm meines. Es ist gut. Ein wenig steif zwar, aber unverwüstlich. Ein Fell, das ...«

»...sich mit meinem nicht vergleichen läßt«, mekkerte eine graue Ziege. »Armer Mann, der du ganz nackt geboren bist, nimm mein Ziegenfell. Hör nicht auf das zerzauste Füllen. Was meinst du zu meinem Vorschlag?«

Sie schielte recht dämonisch und begann zerstreut

an der *Katholischen Woche* zu knabbern, in die ein Restchen Tabak eingewickelt war.

»Es gibt noch bessere Felle«, rief aus der Ferne die Fistelstimme eines wolligen Bären, der, bequem auf einem kleinen Eisberg zusammengekuschelt, von einer plätschernden Woge vorbeigetragen wurde. »Ich sage nichts weiter als: Es gibt noch bessere Felle.«

Die Woge entfernte sich, der Bär schwebte davon wie eine riesige Wolke. Ehe der Soldat noch antworten konnte, strich ein weiches dunkles Tier gegen sein Bein, und er beugte sich zu einem Fischotter herab, der nach Wasserminzen, blühenden Binsen und Schilfgräsern roch. Er richtete sich auf, damit der Soldat den weichen Samt seines Kleides und der Eisperlen, die an seinen starren Schnurrbarthaaren hingen, besser sehen konnte, und sprach vom Nebel der Teiche:

»Siehst du, wie naß ich bin, und ganz mit Eiskörnern bedeckt? Berühre mich, und du wirst fühlen, wie meine Wärme allmählich bis zu deiner Hand dringt, die stets gleichmäßige Wärme meines Fischotternblutes, das so wunderbar geschützt ist gegen Wasser, Wind und Eisschollen auf den Bächen ... Sag willst du nicht mein schönes Fell haben?«

Er sprach noch, als ein Scharren, Schnauben und unterdrücktes Schwätzen anhob. Es kam von einer Schar vierfüßiger Tiere, deren gefleckte Rücken im Mondenschein bis zu den silbrigen Hügeln hin schimmerten, bis zu der fedrigen Wolke, die unter den tiefsten Sternen lag:

»Und wir, wir, die tausend und aber tausend Hasen, die bläulichen, schwarzen, weißen und braunen, wir braven Tiere mit langen Ohren und warmen Röckchen? Möchtest du, Soldat, nicht das Fell eines Hasen haben?«

Sie hatten alle auf einmal gesprochen und schwiegen dann alle, voll Ehrfurcht vor der, die nun nahte. Geblendet meinte der Soldat, der Mond selber komme zu ihm, als die weiße Katze sich weich wie eine Schneeflocke auf seine Bettdecke herabließ. Ein kristallhelles Schnurren ließ ihren ganzen Körper erzittern, und in ihrem Fell spielten, blaß schimmernd, alle Farben des Regenbogens. Sie sang wie eine Geige, wenige Worte nur, von klugen Pausen unterbrochen:

»Der Schnee ... der Schwan ... die Wolke mit silbrigem Saum ... der Flaum der Distel, den ein Hauch davonträgt ... die Taube und das Hermelin und der Hals deines Mädchens, den ein schwarzes Samtband schmückt ... nichts ist so weiß wie ich. Bin ich schön?«

»Oh, schön«, murmelte der Soldat. Er sprach leise und schüchtern, als spräche er zu einer Frau.

Sie blickte ihn mit grünen Augen an, ohne zu blinzeln, und er verspürte Lust, die rosigen kleinen Nasenlöcher mit dem Finger zu berühren.

»Streich mit der Hand über meinen Rücken«, fuhr die Katze fort. »Ein knisterndes Feuer folgt deiner Handfläche – so wie das Wasser nachts hinter dem Schritt eines Spaziergängers auf feuchtem Sand phosphoresziert. Soll ich ein Rad schlagen wie der Pfau, aber ein Rad aus Funken, nicht aus Federn? Nimm, damit du froh wirst und friedlich schlafen kannst, nimm, damit du am Leben bleibst, nimm – denn bald wird die Nacht entschwinden und der Zauber mit ihr – nimm das Kleid der weißen Katze ...«

Da wünschte er sich das Kleid und die Katze selbst dazu. Sie sollte die Herrin in seiner Hütte sein. Doch die Arme, die er ausstreckte, umfaßten nur ein weißes Fell, leer, aber warm noch von einer wunderbaren Erscheinung ...

Ein Schuß, hart und klar, erweckte den schlafenden Soldaten. Der erste schräge Strahl der winterlichen Morgenröte traf seine erstaunten Augenlider. Auf seiner Brust, auf seinen Wangen, auf seinem blonden Bart lag schimmernd und fleckenlos ein wunderbares Fell, das Fell ...

»Mein Pelz«, sagte er sich. »Das Fell, das die weiße Katze mir geschenkt hat.«

Eine Salve, die näher krachte, ließ ihn aufspringen und nach dem Gewehr greifen. Noch glaubte er an seinen Traum, war stolz auf sein wunderbares Fell. Doch beim ersten Schritt, den er tat, flog gleich wirbelndem Flaum der Schnee davon, der während der Nacht in seine schlecht verschlossene Hütte geweht war und seinen Bart bedeckt hatte.

»Schnee«, murmelte er, »nichts weiter als Schnee...«

Und doch klopfte ihm das Blut, wunderbar erwärmt, durch die Adern, klopfte wie das munterer Tiere, die ein warmes Fell tragen. Nach dem Gewehrfeuer begannen Geschütze die Sekunden eines neuen Schlachttages zu zählen. Da weitete der Soldat, ohne es zu wissen, die Brust und ballte schnaufend wie der Bär die Fäuste. Einer seiner Kameraden, die allenthalben aus den Erdlöchern der Ebene auftauchten, fiel, und der Soldat biß die Zähne zusammen, wild lächelnd wie der Marder. Er packte seine Waffe, sprang katzenhaft geschickt los und begann zu laufen. Es war ihm so warm, daß er im Laufen am liebsten all seine erbärmlichen Wollhüllen abgeworfen hätte. Er lief, aller Furcht ledig, denn er trug das Geschenk der wunderbaren Nacht in sich, die neue wilde Tapferkeit, die die Tiere ihm als Weihnachtsgeschenk beschert hatten.

# Jill Steinberg

## Miss Lucie als rettender Engel

Es gibt Katzen, die freuen sich, wenn Besuch kommt. Sie drücken ihre Köpfe unaufgefordert unter lose herabhängende Hände, streichen kurz an fremden Beinen entlang und strecken sich wohlig auf fremden Knien aus. Miß Lucie tut das nie.

Beim Klang einer unbekannten Stimme stellt sie ihre schwarzen Ohren auf, lauscht, zieht den Kopf ein und verschwindet, nicht ohne mir einen Blick tiefsten Vorwurfs zuzuwerfen.

»So ist's recht«, sagt sie mit jämmerlicher Stimme und klopft aufgebracht von innen an die Terrassentür, um sofort hinausgelassen zu werden, »sei nur nett zu diesen gräßlichen Leuten! Ekle mich hinaus! Du wirst schon sehen, was du davon hast!«

Sehr widerstrebend öffne ich die Tür, und sie eilt davon, ihr kleines schwarzes Hinterteil geringschätzig schüttelnd.

Obwohl ich fest davon überzeugt bin, daß sie nur zwei Steinwürfe weit läuft, um sich unter einer Hecke niederzulassen und abzuwarten, bis unser Haus wieder angenehm leer ist, mache ich mir doch jedesmal Gedanken, besonders im Winter. Niemand von uns weiß genau und mit Sicherheit, wo sich Miß Lucie aufhält, wenn sie das Haus verlassen hat. Ihre Fähigkeit, sich in Luft aufzulösen und aus dem Nichts wieder aufzutauchen, ist eines der Geheimnisse, mit denen sie sich umgibt.

»O Lucie!« seufzt Nicola und schiebt sich ein wenig auf der Luftmatratze zur Seite, auf der sie nicht etwa schlafen muß, wenn sie hier ist, sondern schlafen darf.

Miß Lucie bohrt ihr den Kopf in die Armbeuge, und Nicola weicht noch ein Stückchen weiter, bis sie schließlich auf dem Boden liegt und Miß Lucie die Luftmatratze beherrscht mitsamt den weichen Kuscheldecken und Laken und Kopfkissen, den Stofftieren und der Negerpuppe und einem Bündel Papiertaschentücher, die Nicola braucht, weil sie sich erkältet, wo sie geht und steht. Nicola ist meine Nichte. Sie ist acht Jahre alt und lebt in einem tropischen Land, genauer gesagt: in Lateinamerika. Alle zwei Jahre kommt Nicola zu uns; sie bleibt sechs Wochen und ist der einzige Besuch, den Miß Lucie uneingeschränkt und egoistisch liebt, schon des Bettzeugs wegen, das sechs Wochen lang allabendlich auf dem Boden ausgebreitet wird. Außerdem – und nur dadurch ist Miß Lucie die Benutzung der Luftmatratze und der darauf befindlichen Herrlichkeiten überhaupt zugänglich – ist Nicola von ihr entzückt.

Ihr einziger schwacher Protest, wenn Miß Lucie robbend vom angewärmten Teil der Matratze Besitz ergreift und dabei schnurrt wie ein Rädchen, erschöpft sich in einem geseufzten: »O Lucie!«

Es ist immer Winter, wenn Nicola kommt. Das liegt nicht an der Unvernunft ihrer Eltern, sondern an ihren großen Ferien, die im November/Dezember stattfinden. Kaum hat Nicola den Fuß auf europäischen Boden gesetzt, ist sie auch schon krank. Weder die Temperaturen um Null draußen noch die trockene

Heizungsluft drinnen bekommen ihr, denn an beides ist sie nicht gewöhnt. Einen Teil ihres Aufenthaltes bei uns verbringt sie daher auf der Luftmatratze, in Gesellschaft von Miß Lucie, die, so habe ich den Eindruck, glaubt, wir würden Nicola eigens ihretwegen einfliegen lassen.

Ist Nicola halbwegs dazu fähig, bestehe ich darauf, daß sie an die frische Luft geht.

Das Vorspiel dazu muß man, wie Simon kopfschüttelnd sagt, erlebt haben. »Was«, fragt Nicola verwirrt und zeigt auf etwas, das sich in Schlangenlinien um ihre Beine windet, »ist das?«

»Eine Strumpfhose.«

»Muß ich die anhaben?«

»Unbedingt. Du frierst sonst ein, wenn du rausgehst.«

»Wie heißt es?«

»Strumpfhose.«

»Schrecklich«, sagt Nicola.

Dann ziehe ich ihr einen Pullover über von Friederike, darüber eine Strickjacke, zuoberst einen ausrangierten Anorak von Simon. Nicola selbst besitzt nur kleine, weite, bunte Flatterröckchen, ärmellose Blüschen, Riemchensandalen und Bikinis. Da es sich beim besten Willen nicht lohnt, sie für sechs Wochen im Jahr mit warmen Sachen auszustaffieren, trägt sie ausnahmslos das, was ich von den Kindern extra für sie aufhebe. Sie haßt jedes einzelne Stück. Manches, dessen Gebrauch ihr fremd ist, stürzt sie in tiefste Verwirrung.

»Was«, flüstert sie, wenn ich ihr den Anorak angelegt habe wie eine Zwangsjacke, »machst du jetzt mit mir?«

»Ich setze dir eine Mütze auf.«

»Und was sind das für komische Topflappen?«

»Es sind Handschuhe, Nicola. Man streift sie sich über die Finger – siehst du – so –«

Stumm, fassungslos und steif wie eine Puppe steht Nicola da.

»Jetzt aber raus mit dir an die frische Winterluft!« rufe ich betont fröhlich, schiebe sie vor mir her zur Tür hinaus und warte darauf, daß sie sich in Bewegung setzt.

»Geh nur«, mahne ich.

Nicola wirft mir einen Blick zu, als wolle sie fragen: Meinst du das im Ernst? und geht langsam bis zum Gartenzaun.

Dort bleibt sie wie angewurzelt stehen. So wenig wie an Kältegrade und Winterkleidung ist sie daran gewöhnt, allein irgendwohin zu gehen.

Zwar kommt sie ohne Begleitung von Guatemala nach Frankfurt, wenn's sein muß, aber um ihren Hals hängt ein Pappschild mit Namen und Ankunftsort, und alle Stewardessen reißen sich darum, sie mit Farbstiften und Malbüchern und Kaugummis zu versorgen, bis zu dem Moment, da einer von uns in Erscheinung tritt und sie in Empfang nimmt.

Ihren Garten zu Hause verläßt Nicola nur, um zu Mutter oder Vater ins Auto zu steigen. Weder zur Schule noch ins Schwimmbad, weder zu ihren kleinen Freundinnen noch zu ihren Großeltern geht Nicola jemals zu Fuß.

Wenn unsere Kinder zu Hause sind, ist alles einfacher. Sie nehmen Nicola zwischen sich und zerren sie bis zum Spielplatz. Oder sie führen sie zum nächsten Kiosk, um sie mit Gummibärchen, Brausebonbons und Dauerlutschern bekannt zu machen.

Dummerweise hat zwar Nicola Ferien, Simon und Friederike jedoch müssen täglich zur Schule. Es ist, wie mir Simon ernst auseinandersetzt, eine Ungerechtigkeit sondergleichen. Auch ist es, und darin stimmt seine Schwester haarscharf mit ihm überein, eine unverdiente Härte für Nicola, die dadurch jeder Gesellschaft und Hilfe entbehrt. Man müsse, meinen beide, im Sinner der Völkerverständigung handeln, indem man sie für die Zeit von Nicolas Aufenthalt von der Schule beurlaube.

Manchmal, wenn ich Nicola steif und stumm vorm Gartentor stehen sehe, bin ich sogar geneigt, den Kindern zuzustimmen. Meistens jedoch bin ich der typischen Erwachsenenmeinung verhaftet, nämlich der, daß wir uns alle gemeinsam ein bißchen bemühen sollten.

Jawohl, bemühen.

»Ach, Lucie«, seufzt Nicola, wenn ich diese meine Meinung in Worte kleide, und ich sehe ihr an, wie sie Miß Lucie um ihr weiches, naturgemäß anschmiegsames Fellkleidchen ebenso beneidet wie um die Tatsache, daß sie sich nie um etwas bemühen soll.

Außer den Dingen, die sie liebt, nämlich ihren Flatterröckchen und Volantblüschen, Armreifchen und anderem Kinkerlitz führt Nicola stets auch etwas bei sich, das sie für völlig überflüssig hält: zwei dicke schwarze Hefte nämlich und zwei Schulfibeln, eine deutsche und eine spanische. All dies wird jeden Mittag zwischen zwei und drei auf unserem großen runden Tisch ausgebreitet und von Simon folgendermaßen kommentiert: Ein Kind arbeitet reichlich genug während der Schulzeit. Es während der Ferien mit diesem – hier fällt ein Wort, das nicht druckreif ist – zu belasten, grenzt an Boshaftigkeit, Gemeinheit, Unverschämtheit. Er, an Nicolas Stelle, würde sich weigern, strikt und unnachgiebig, wenn ihm dergleichen abverlangt würde.

Nicolas Blick, wenn er solches mit großer Festigkeit vorträgt, ruht auf ihm mit Andacht und Bewunderung. Wäre er ein Abgeordneter, sie würde ihn wählen, man sieht's ihr an. Ich dagegen, mit Direktiven aus Guatemala und der Notwendigkeit konfrontiert, meine Nichte zu beschäftigen, während meine Kinder ihre Schularbeiten machen müssen, lese zum zehnten Mal den Brief meiner Schwester und wende mich dann an Nicola.

»Du sollst über den Zehner rechnen üben«, sage ich, mit dem Zeigefinger auf den Brief tippend.

»Was?« fragt Nicola erstaunt, als habe sie nie davon gehört.

»Achtzehn plus sieben«, fahre ich ungerührt fort, »zum Beispiel.«

Simon malt Kringel auf sein Löschblatt und wippt dabei auf zwei Stuhlbeinen, was mich erfahrungsgemäß nervös macht. »Sitz endlich still!« schnaube ich ihn an, »und du, Nicola, denk bloß nicht, ich hätte den ganzen Nachmittag Zeit! Achtzehn plus sieben ist?«

Nicolas Gesicht ist blank wie ein Teller und ebenso weiß.

»Nimm«, sage ich, um Ruhe und Geduld ringend, »meinetwegen die Finger zu Hilfe, aber sag mir endlich, was achtzehn plus sieben ist!«

»Ich kann's nicht«, stößt meine Nichte bebend hervor, »nicht in Deutsch kann ich das. Nur in Spanisch.«

Auf mich wartet eine Maschine Wäsche, die aufgehängt werden muß, unter anderem. Außerdem bin ich pädagogisch noch nie sehr wertvoll gewesen, andernfalls ich mir einen entsprechenden Beruf ausgesucht hätte.

»Hör mal«, sagt Simon, der für einen Jungen ein viel zu weiches Herz hat, »sie muß sich doch erst die Zahlen übersetzen, siehst du das ein? Wenn sie mit dir Spanisch reden würde, wärest du genauso aufgeschmissen!«

»Ja«, sekundiert Nicola eifrig, die plötzlich wieder Farbe ins Gesicht kriegt und die Sprache wiederfindet, sogar die deutsche! – »es stimmt, was Simon sagt. Ich verstehe überhaupt nicht, was du mich fragst, Tante!«

»Moment mal –«

»Lern die Zahlen in Spanisch, Mama«, unterbricht Simon ernst und kategorisch, »von eins bis – sagen wir – hundert. Nicola kann dich abhören. Jeden Tag ungefähr zehn Stück. Danach, wenn du sie fließend beherrschst, kannst du dann auch mit ihr rechnen. Das ist«, fügt er rasch hinzu, denn vermutlich hat sich meine Miene drohend verfinstert, »keine Schikane, Mama. Das ist nur fair! Sie geht in eine spanische Schule, und der ganze Unterricht wird in Spanisch gehalten.«

Mittags zwischen zwei und drei habe ich meinen toten Punkt. Am liebsten würde ich mich für ein Stündchen aufs Bett legen, die Augen schließen und sowohl die Wäsche als auch die Frage, was achtzehn plus sieben ist, vergessen.

»Im Grunde«, fährt mein Sohn mitfühlend fort, »lohnt sich die Mühe natürlich nicht für die paar Wochen, in denen du mit Nicola üben mußt ...«

»Spanische Zahlen«, wirft meine Nichte stirnrunzelnd ein, »sind furchtbar schwer zu lernen. Sieh mal, ich habe zwei Jahre gebraucht.«

In diesem Moment fällt ein kleiner Sonnenstrahl ins Zimmer. Nicola seufzt tief.

»Ich war heute überhaupt noch nicht an der frischen Luft«, piepst sie und sieht dabei so erbarmungswürdig aus, daß es einen Stein jammern würde. Für mich aber ist das ein Stichwort, dem ich noch im Tiefschlaf Folge leisten würde. Sofort bin ich auf den Füßen und stopfe Nicola in sämtliche Sachen, die ihr halbwegs passen. Ausnahmsweise verliert sie kein einziges Wort über die kratzige Strumpfhose und steigt von allein in ein paar gefütterte Stiefel. Auch tritt sie – ein Wunder! – ohne Zögern durchs Gartentor hinaus auf den Bürgersteig. Fünf Minuten später ist mir auch klar, warum.

»Vielleicht«, sage ich schneidend zu meinem Sohn, der jetzt endlich mit seinen eigenen Rechenaufgaben beginnt, »kann ich's mündlich wirklich nicht von ihr verlangen. Aber schriftlich, mein Lieber, bleibt sich's gleich in Deutsch und in Spanisch. Ich hätte ihr bloß eine Seite Aufgaben aufschreiben brauchen, statt, wie du es so hilfreich vorschlugst, die Zahlen bis hundert in Spanisch zu lernen! Ihr denkt vielleicht, ich bin schon total verkalkt, aber –«

»Mama«, stößt mein Sohn gepeinigt hervor, »ich versuche mich zu konzentrieren, ja? Wenn du natürlich schwätzt und schwätzt, kann ich das nicht!«

Ich klappe den Mund wieder zu, sehe, daß Friederike freudig bewegt die Augen niederschlägt, und lasse Miß Lucie hinaus, die sich gelangweilt vor der Terrassentür herumdrückt. Ich hänge die Wäsche auf und koche mir einen starken Kaffee. Dann lese ich dreimal das orthographische Wunderwerk durch, das Friederike als Aufsatz bezeichnet. Es ist mir vollkommen unerklärlich, wie ein Mensch so viele Fehler in so wenige Worte praktizieren kann. »Schreib's neu«, ist alles, was ich dazu sage.

»Und nimm dich zusammen«, fügt Simon mechanisch hinzu, weil ich das sonst immer folgen lasse.

Friederike schreit auf, wie von der Tarantel gestochen. »Du hast mir überhaupt nichts zu sagen, weißt du das?« Sofort fällt Torro lauthals bellend ein, die Bratäpfel im Ofen beginnen ein bißchen verbrannt zu riechen, und ich stürze hinaus in die Küche. Ein Blick auf die elektrische Uhr belehrt mich, daß es schon fast fünf Uhr geworden ist. Und wo, um alles in der Welt, bleibt Nicola?

Ich reiße die Haustür auf und rufe. Nichts.

Ich erlöse die Kinder von ihrem lahmen Arbeitsstreß am runden Tisch und schicke sie los, Nicola zu suchen. Zehn Minuten später sind sie schon wieder da. Draußen wird's dunkel. Nicola ist nirgends zu sehen. Weiter als bis zum Spielplatz und zum Kiosk ist sie bisher nie vorgedrungen, und dort hat sie niemand gesehen.

»Du hast sie vergrault mit dieser blöden Rechnerei«, wirft Simon mir mit anklagender Stimme vor, während Friederike heult, er solle mich in Ruhe lassen. »Torro«, frage ich streng den Hund, »wo ist Nicola?« und halte ihm den Pullover unter die Nase, den Nicola gestern trug. Er gehört Friederike, und Torro springt aufgeregt an ihr hoch. »Gib ihm was von Nicolas eigenen Sachen zum Riechen«, schlägt Simon vor, und wir jagen zu dritt nach den Flatterröckchen.

Draußen ist's dunkel geworden. Man soll es nicht für möglich halten, wie früh und wie schnell im November über Mitteleuropa die Nacht hereinbricht.

Die Kinder nehmen den Hund an die Leine und hasten mit ihm davon. Ich, vor Angst fast gelähmt, schleiche in der entgegengesetzten Richtung davon.

Nicola. Sie hat sich einfach abgesetzt wegen achtzehn plus sieben. Ist gegangen, weiter und immer weiter, ahnungslos, fremd, ohne jede Orientierung. Meiner einzigen Schwester einziges Kind. Und nicht einmal ein Pappschild trägt es um den Hals mit seinem

Namen drauf und seiner Adresse. Wenn es nun bis zur Autobahn geirrt ist? Oder in den Wald? Oder wenn jemand es gekidnappt hat?

Meine Gedanken verheddern sich hoffnungslos im Schwarzen.

Zwei Minuten bevor ich endgültig den Verstand verliere vor Angst, sehe ich eine kleine, unsicher stampfende Gestalt um die nächste Ecke biegen. An ihren Stiefeln scheint etwas zu kleben.

»O Lucie!« höre ich eine schwache, fragende Stimme seufzen. »Ist's noch weit, Lucie?«

Das Etwas löst sich von den Kinderstiefeln und huscht mir entgegen. Es hält mir einen längeren, vorwurfsvollen Vortrag in der Katzensprache und wartet ab, bis Nicola mir erleichtert in die Arme sinkt.

»Wo warst du denn bloß, Kind?« bringe ich mühsam hervor, denn meine Zähne klappern immer noch.

»Ich weiß nicht«, sagt Nicola, während Miß Lucie uns voraus nach Hause eilt, »alle Häuser sehen gleich aus, und alle Straßen eine wie die andere. Ich war richtig verlorengegeht – gegungt – gegingt –«

»Gegangen, Nicola.«

»Aber dann plötzlich ist sie gekommt – gekamt –«

»Gekommen.«

Deutsch ist schwer, sage ich mir und halte Nicolas Hand fest wie in einem Schraubstock, auch ohne daß man es in Zahlen faßt.

»Und hat mich«, fährt Nicola aufatmend fort, »Miß Lucie wieder heimge ... – wie heißt es? – bracht?«

»Phantastisch«, sage ich und schließe die Haustür auf, vor der meine Katze bereits laut jammernd sitzt, »heimgebracht ist richtig.«

Die Kinder mit Torro stürmen durchs Gartentor. Wir schalten alle Lichter an. Die Schulsachen verschwinden wie von Geisterhand vom runden Tisch. Bratäpfel, Kuchen, Tee werden aufgetragen. Ich schlachte ein Kalb in Form zweier Schachteln Pralinen, während Nicola zum dritten Mal die Geschichte ihrer wunderbaren Rettung erzählt, in Spanisch inzwischen, was uns gar nicht mehr auffällt.

Draußen regnet's eiskalt.

Drinnen im Kinderzimmer gräbt sich Miß Lucie emsig unter die Decke und rollt sich auf der Luftmatratze zusammen, als gehöre sie ihr.

»Ach, Lucie«, seufzt Nicola und macht sich's ihrerseits auf dem Teppich bequem. Miß Lucie schnurrt genüßlich, bis ich sie aufnehme und hinaustrage, wissend, ich werde sie am nächsten Morgen wieder dort finden.

Nicolas Ferien dauern bis Januar.

# Marguerite Steen

## Kleiner weißer König

Der Frühling verging mit der Baumblüte, und der Sommer wandelte sich unbemerkt zum Herbst. Noch hielten die Sykomoren ihre Blätter fest, dann ließen sie sie in zwei oder drei plötzlichen Schauern auf den Rasen fallen. Er entdeckte ein neues Vergnügen: hinter dem Gärtner herzugehen, während der mit dem Besen immer wieder im Bogen über den Rasen fuhr. Manchmal wurde er zu einer weißen Windmühle, einer silbernen Feuerwerksonne, wie er unbeschreibliche Kapriolen zwischen den trockenen braunen Flocken ausführte, die ihm als Konfetti auf Rücken, Flanken und erhobenen Schwanz fielen. Der Mähmaschine von jeher zugetan, half er mit beim letzten Rasenschnitt des Jahres.

Alle, die ihn von klein auf gekannt hatten, stellten in jenen Herbstwochen die Entfaltung seiner Schönheit fest. Im Übergang vom Kätzchen zur Katze besaß er – wie ein menschliches Lebewesen – etwas seltsam Eindrückliches, das, wie man wußte, mit der vollzogenen Entwicklung vergehen würde. Er war enorm gewachsen; von der Nasenspitze zum Schwanzansatz war er bereits länger als die Schwarze, wenn auch weniger hoch. Der Schwanz hatte die letzte zartgoldene Spur verloren und war buschiger als die breiteste Straußenfeder. Seine Pfoten schienen nicht mehr zu groß für seinen Körper und hatten sich mit Klauen bewehrt – mehr grün als elfenbeinfarben –, mit denen er immer noch allzuoft die Polster bearbeitete, die er aber nie beim Spielen benützte. Wenn er das Pech hatte, damit sein Ziel zu verfehlen – das Stück Band, Papier oder Schnur, das wir vor ihm herzogen – und statt dessen sich in menschliches Fleisch zu krallen, so geschah das nie absichtlich; wenn man ihm die zerkratzte Hand an Stelle des Spielzeugs hinhielt, betupfte er sie mit seiner Samtpfote.

Er war sehr herrisch, bestimmt und autokratisch in seinen Forderungen. Er benötigte wirklich einen Vasallen, der nur ihm zu Diensten war: Der mußte ihm Türen öffnen und schließen, ihm ein Tröpfchen Milch geben, seine Pfoten trocknen, wenn er im Regen gewesen war, die Pingpongbälle suchen, die er an die unzugänglichsten Orte beförderte, oder ihn auf der Schulter tragen. Obschon man eigentlich sagen konnte, er »fresse immerzu« (zwei Mundvoll aufs Mal), wurden sein weicher, elastischer Körper nicht dick und seine Knochen nicht hart. Wenn man ihn aufhob, hatte man noch immer das Gefühl eines Muffs. Ich fragte mich, wie lange dieser weiche Zustand noch dauern würde. Er mußte ja härter werden, sehniger, mußte den ausgreifenden Schritt des Männchens und den Räuberkopf des Jägers entwickeln. Eines freute mich: Der Verlust seines Geschlechts hatte seine Stimmbänder nicht beeinträchtigt; sein Miau und sein Schnurren waren noch so voll wie beim unbeschnittenen Tier.

Ein Zug machte ihn mir besonders lieb: seine beinah wohlwollende Haltung den Vögeln gegenüber. Voll Neugier und Interesse beschlich er sie, versuchte jedoch nie – wenigstens nicht in meinem Beisein –, sie zu töten. Er folgte den komisch gefiederten Dingern durch Rasen und Rabatten, indem er sich flach an den Boden drückte und sie mit glitzernden Augen, jedoch offenbar ohne mörderische Absicht beobachtete. Er schien ihnen die unschuldige Aufmerksamkeit zu widmen, die er allen kleinen beweglichen Gegenständen zollte – Blättern, Schmetterlingen oder Schattenbildern. Er sprang los und schlug zu. Hätte er dabei je getroffen, so würde sich der angeborene Instinkt zweifellos sein Recht verschafft haben; aber bei all seiner Wendigkeit verfehlte er sie stets, und dann verließ ihn schließlich das Interesse an dem Spiel.

Ebenso ging es mit den Feldmäusen. Da er nie hatte der Nahrung wegen jagen müssen, begnügte er sich mit einem oder zwei Streichen und gab sich selten die Mühe, sie zu verfolgen, wenn sie ins hohe Gras entwichen.

Ich muß gestehen, daß mir dabei nicht ganz wohl war: mich bewegten wohl Gefühle ähnlich der einer Mutter, deren kleiner Junge sich im Sport nicht auszeichnet; aber ich tröstete mich mit dem Bewußtsein seiner vielen Gaben und seiner Anmut, mit denen sportlichere Katzen es nicht aufnehmen konnten. Ich erinnerte mich an eine meiner königlichen Nordlandkatzen, die mir fast jeden Morgen eine tote, kalte Maus brachte, sie mir aufs Kopfkissen legte und sie mit der Schnauze zärtlich gegen mein Ohr schob, damit ich sie ja nicht übersähe; eine Aufmerksamkeit, die man gern entbehrt – wohl aber eine, die dem Petit Roi hätte einfallen können, wäre er ein Mauser gewesen. Es blieb mir also etwas erspart, wenn auch nur der Anblick kleiner zerstümmelter Leiber, der mir immer – selbst wo es sich um Ungeziefer handelt – unangenehm ans Herz greift.

Als es endgültig Winter wurde, mit Nebel, Frost und

rauhen, unfreundlichen Vormittagen im Gefolge, blieb er mehr im Haus und schloß sich noch enger an die menschlichen Wesen an, die sein einfaches kleines Dasein beschützten. Oft hielt er sich auf dem Kaminteppich im Eßzimmer auf oder auf einem der Empirestühle zu beiden Seiten der Feuerstelle. An sonnigen Vormittagen wiederum lag er im Alkoven eines kleinen Fensters, zwischen dem Glas und einem Frank-Dobson-Kinderkopf. Auch mein Toilettenstuhl vor dem Spiegel, mit dem elektrischen Ofen dahinter, zog ihn an. Des Abends, wenn wir uns im Wohnzimmer versammelten, pflegte er sich auf der Rücklehne eines Ruhebettes oder unter dem Volant eines Sessels auszustrecken. Im Gegensatz zur Schwarzen machte er sich nichts aus Kissen oder sonstigen allzu weichen Lagern; so hatte ich mir angewöhnt, die Flaumdecke etwas wegzuschieben, wenn er aufs Bett kam, und ihm ein flaches Plätzchen auf der Matratze frei zu machen, wo er nach vollendeter Toilette einschlief.

Einen Zug teilte er mit der Schwarzen: eine geradezu manische Vorliebe für Gesellschaft. Weihnachten mit dem Strom von Gästen war himmlisch – vom Weihnachtsessen am Vorabend bis zur Cocktailparty am sechsten Januar. Es war nicht allein der ganze Wirbel von Flitter, Zellophan, Funkeln, Bändern und Dingen, die explodierten und aufblitzten (sein erstes Erlebnis mit Zimmerfeuerwerk brachte ihn ganz außer sich vor Aufregung); er war auch der Mittelpunkt aller Aufmerksamkeit – der Schneekönig, König Winter, *le petit roi Noël*!

Er nahm die Huldigungen mit würdiger Zurückhaltung entgegen, widerstand den närrischen Versuchen, ihn für die Weihnachtskarten an seine Adresse zu interessieren, und faltete schließlich, gesättigt vor Vergnügen, die Pfoten unter der Brust, um zu beobachten, was vorging. Mit seinem kostbarsten Weihnachtsgeschenk, einer mechanischen Maus, spielte er am Weihnachtsabend mehr, wie ich fürchte, aus Höflichkeit denn aus Begeisterung; nachher ließ er es unbeachtet. Menschen mit ihrem seltsamen, unvorhersehbaren Treiben waren amüsanter als eine Maus mit Uhrwerk. Seine Distanziertheit ließ die zudringliche Freundlichkeit und die Bereitschaft der Schwarzen, ihre paar kleinen, selbsterlernten Fertigkeiten vorzuführen, ach! beinahe widerlich erscheinen.

Er und die Schwarze waren damals bei einem Zustand nachsichtiger Duldung angelangt. Daran war er schuld, nicht sie. Doch sie konnte, bei all ihrer altjüngferlichen Art und ihrem natürlichen Bestreben, den ersten Platz in meinem Herzen zu behaupten, der kleinen rosa Schnauze, die sich gegen die ihre hob, der sanften Hartnäckigkeit seiner Annäherung und der warmen Behaglichkeit seines silbernen Vlieses an Winterabenden nicht widerstehen. Manchmal teilten sie sich bereits in einen Lehnsessel: die Schwarze voller Widerstreben, auf der Hut, in sich zurückgezogen und steif vor Widerstand, er dagegen ruhig eingerollt, scheinbar unbeweglich, wobei er jedoch unmerklich auf ihren Raum übergriff, auf den Wollschal, der ihr gehörte, bis ihre Glieder sich berührten. Die Schwarze warf mir gequälte Blicke zu: »Muß ich das hinnehmen?« Ich nickte. Die Schwarze seufzte und schickte sich in die beinah unmerkliche Berührung. Sie blieb jedoch fest, als er sie einmal zu lecken versuchte. Was? – eine Zwergpudelin mit vier preisgekrönten Vorfahren im Stammbaum sollte sich von einer Katze waschen lassen? Sie biß ihn diesmal im Ernst und mit Recht; und die Lehre schadete ihm nicht. Er blinzelte zwar beleidigt, verging sich jedoch nicht wieder. Selbst wenn er danach an den Zotteln ihrer Ohren nagte, tat er es mit einem gewissen Bewußtsein des »Bis hierher und nicht weiter« – was er ja selber für sich eifersüchtig forderte.

Wie die Tage kürzer wurden und ihn draußen wenig verlockte, entwickelte er seinen eigenen Tagesablauf. Des Morgens folgte er Alice wie ein Schatten bei ihrer Hausarbeit. Manchmal auf der Schulter, dann wieder unter ihrem Arm, half er ihr beim Staubwischen, Fegen und Glänzen – indem er sich voll Entzücken auf den Staubwedel stürzte oder sich auf Schränke und Kommoden schwang; endlich ließ er sich auf dem Geschirrschrank oder dem Büfett nieder und bewunderte, den Schwanz um die Zehen gerollt, sein eigenes Spiegelbild in der glänzenden Oberfläche. Wenn er mit seinen Mätzchen etwas Zerbrechliches oder Kostbares gefährdete, war Alices vorwurfsvolles »Bert!« nichts als eine Liebkosung. Wenn ich ihn dann auf den Arm hob und ihn, statt ihn gebührend zu strafen, »meinen weißen Katzenmann!« nannte, nahm ich ihm sein Befreiungsmanöver um seiner vollkommenen Schönheit willen nicht weiter übel.

Eines der anziehendsten Merkmale für den Katzenliebhaber ist die völlige Unabhängigkeit einer Katze, ihre absolute Zurückweisung jeden Zwangs, ihre Weigerung, den geringsten Teil ihrer geistigen Unabhängigkeit sogar jenen preiszugeben, die sie zu lieben gelernt hat. Wer das nicht versteht und anerkennt, eignet sich nicht zum Katzenhalter. Nur eine einzige Katze meiner Bekanntschaft, eine Mrs. Bertha Mocatta, war körperlicher Bestrafung zugänglich; aber Mrs. B. war eine riesige alte Tavernenvettel, die von ihrem Herrn den Stock, den sie immerfort verdiente, einfach als einen Bestandteil ihres täglichen Daseins hinnahm und die in der Lage war, sich bis zu ihrem letzten sündigen Atemzug zu verteidigen. Sie vergötterte die Hand, die sie zum Wohlverhalten zwang, und damit gehörte Mrs. B. zu den Unsterblichen; denn noch einige Zeit nach ihrem Ableben war ihre Gegenwart im eigentlichen Sinne spürbar in der kleinen Wohnung, in der sie herrschte, nachdem ihr früherer Herr das Lokal, in dem sie aufgewachsen war, aufgegeben hatte. Ihr Geist würde, so glaube ich, immer noch umgehen, hätte sich nicht ihre Nachfolgerin, die sanfte Mrs. Laura Chevely, darin eingerichtet, gegen die geisterhafte Zähne und Krallen nichts ausrichten können.

Es mag auffallen, daß ich lieber von »Haltern« als von »Besitzern« von Katzen spreche. »Besitz« schließt Herrschaft über Leib und Seele ein. Die Anhänglichkeit eines Hundes anerkennt aus freiem Willen eine solche Herrschaft; eine Katze niemals. Solche Unabhängigkeit beleidigt Leute, die Katzen nicht lieben: warum, habe ich nie verstehen können. Ich sehe nicht ein, weshalb man ein Tier mehr »besitzen« soll als ein menschliches Wesen.

Jetzt, da der Winter eingerückt war, vergingen die Nachmittage des Petit Roi meist mit Schlafen, wenn ihn nicht ein kurzer Sonnenstrahl hinauslockte oder der Nordwind, der die dürren Blätter aufwirbelte, ihn in Versuchung brachte, über den Rasen zu tollen. Er besuchte jeweils die Nachbarn, indem er über den Rasen trottete, sein Köpfchen hob, sein schmeichelndes Prr-rr-uh ausstieß und in Anerkennung einer empfangenen Liebkosung den Schwanz hin und her krümmte, bevor er an ihrer Laube aufs Dach der Garage oder in den Birnbaum hinaufkletterte, wo er mit dem Adel einer Galionsfigur am äußersten Ende eines Astes stand und dem Wind trotzte; oder er ließ sich auf den Firstziegeln vom Wind zu einer weißen Chrysantheme verblasen.

Seine Verständigung mit denen, die das Haus mit ihm teilten, erweiterte sich jetzt merklich. Wenn er aufschaute und Prr-rr-uh machte, bettelte er nicht um Fressen, wollte nicht hinausgelassen werden oder spielen. Es hieß »Ich bin da« oder »Wo bist du gewesen?« oder einfach »Bitte beachte mich«. Oft setzte er sich neben mich auf eine Sofa- oder Sessellehne und schnurrte so laut, daß die Schwarze aufschreckte und erstaunt den Kopf hob.

Er entdeckte das Wunder des Feuers; so verlockend es war, er benahm sich doch sehr vernünftig ihm gegenüber. Bei allem Behagen, das davon ausging, achtete er sehr darauf, seinen Pelz oder den rastlosen Flederwisch seines Schwanzes nicht zu versengen. Und so gemütlich er es auch fand, entfernte er sich doch davon – immerhin mit mißbilligender Miene –, falls derjenige, bei dem er sich aufhalten wollte, nicht am Feuer saß.

In einem Punkt gab er nicht nach und zeigte er sich bei vorrückendem Abend ungeduldig. Man mußte unbedingt mit ihm spielen. Es verfing nicht, ihm einfach seinen Pingpongball, seine Schnur mit dem Kaninchenschwanz, seine zerknüllten Silberpapiere oder die Leine der Schwarzen mit den Glöckchen zu geben. Er weigerte sich rundweg, allein zu spielen. Er schmollte, begehrte auf und sprang auf den Spieltisch, wo er Asse, Könige und Damen durcheinanderwarf oder den Bleistift, der den Stand des Spiels festhielt, zu Boden rollen ließ. Wenn man ihn als Störenfried hinunterbeförderte, spazierte er düsteren Sinnes über Stühle, Tische und Sofas hinweg; absichtlich ging er zum Angriff auf den Behang aus spanischem Leder oder das frischbezogene Liegebett über – auf irgend etwas, das kostbar war und jemanden veranlassen würde, aufzuspringen und ihn von seinem üblen Tun abzuhalten.

Es gab keinen andern Ausweg, als mit ihm zu spielen: mit einem Tuch oder der Leine der Schwarzen treppauf, treppab zu rennen. Das Spiel jagte uns von Zimmer zu Zimmer; er kauerte unter den Betten, um plötzlich wild nach unsern Knöcheln auszuholen; er warf sich flach auf den Boden in gespielter Erschöpfung, die der wilde, dunkle Glanz seiner Augen Lügen strafte. Manchmal war die Erschöpfung wirklich; dann ließ er sich wie ein weißer Pelzkragen über die Achsel werfen und unter zufriedenem Schnurren hin und her wiegen – bis er in einem Augenblick, da man zärtlich dachte, er werde jetzt einschlafen, einen Satz nahm wie ein fliegendes Eichhörnchen, und dann ging das Spiel von neuem los.

Eines Tages, kurz nach Weihnachten, erlebte er einen Schock.

In der Dämmerung öffnete ich die Hintertür, um ihn ins Freie zu lassen, und als er vorsichtig unter die Tür trat, füllte sich die Luft um ihn mit weißen Federn. Der weiße Wirbel kam überraschend; er zog sich zurück, und dann verlor er den Kopf vollends, wandte sich um und warf sich mir in die Arme. Ich lachte, behielt ihn auf dem Arm und trat mit ihm auf den Weg hinaus. Der Schnee fiel auf uns beide, und da ich ihn hielt, gewann er seine Fassung wieder, sprang bald leichtfüßig hinunter und ging zu seinem gewohnten Platz in der Rabatte. Aber für einmal verweilte er nicht. Es war zu kalt. Er sauste zum Feuer im Eßzimmer und begann eilig, die feuchte Kälte auf seinem Pelz wegzulecken.

Am nächsten Morgen saß er auf dem Sims meines Schlafzimmerfensters und blickte auf die fremde Welt hinaus: die weiße Landschaft, die in der Sonne glitzerte. Er war fasziniert. Gleich darauf begehrte er hinausgelassen zu werden und glitt zur Hintertür hinaus, wo der Schnee bereits weggefegt war und die Morgensonne den Weg erwärmte. Dort saß er und nahm den veränderten Anblick seiner gewohnten Umgebung in sich auf. Seit ich beobachtet habe, wie der Petit Roi die grüne Fläche anschaute, die sich über Nacht in eine weiße verwandelt hatte, zweifle ich nicht am Farbensinn der Katzen. Er war verwirrt und beeindruckt.

Der Steinpfad, der unter dem vorspringenden Dach zur Straße führt, war auch vom Schnee frei gemacht worden, und gemächlich trottete er ihn entlang, um die merkwürdige weiße Landschaft von einem anderen Punkt aus zu betrachten.

Unterdessen war die Schwarze auf ihrem Morgenspaziergang gewesen. Sie hatte Schnee schon öfters gesehen und freute sich im großen und ganzen daran. Ihre winzigen Pfoten, kaum größer als Vogelklauen, sanken ein in den kühlen Flaum; sie wischte ihre Schnauze am Schnee ab und tauchte mit weißem Schnurrbart und weißen Rändern an den Ohren auf. Während der Petit Roi auf dem Torweg saß, kehrte sie auf den Weg zurück.

Er erhob sich auf die Zehen, blies sich zum weißen Ballon auf und fauchte – zum erstenmal in seinem Leben. Er machte einen abwehrenden Buckel, als ES vorbeikam: ein schwarzgelbes ES, vertraut und doch erschreckend fremd. Die Schwarze in ihrem narzissengelben Sweater, den er nie zuvor gesehen hatte, erfüllte ihn mit Furcht. Er hieb mit der Pfote aus. Die Schwarze stand still und starrte ihn an. Er buckelte wieder, ließ ein langgezogenes Knurren hören und fauchte erneut. Die Schwarze, beeindruckt, kam näher, um dieses merkwürdige Benehmen eines bis dahin so freundlichen Wesens näher zu betrachten.

Seine Augen weiteten sich und wurden dunkel, sein rosa Mund, weit offen, verzog sich an den Ecken, er hielt den Atem an. Dann, in einem schnellen Aufatmen, erkannte er die Schwarze und schoß wie ein Pfeil auf die Küchentüre zu. Den Schnee von ihren Fransen schüttelnd, galoppierte die Schwarze hinterher. Sie kauerten voreinander vor dem Eßzimmerofen und berochen sich dann gegenseitig zehn Minuten lang von Kopf bis Fuß, als ob sie sich eben erst kennenlernten.

Das war die Woche, in der er die Möglichkeiten des Diwans entdeckte. Das letzte, rührendste Bild des kleinen Königs ist das eines langgereckten weißen Arms, der zwischen Rückwand und eingerolltes Ende des Diwans langt; eines schneeweißen Kopfes und eines Paares rubinroter Augen, die lebhaft zwischen einem Schatten und der Abendzeitung hin und her gehen, welche zwischen Kissen und Wand gesteckt worden war, damit er sie heraushole.

Um die Zeit etwa schrieb ich in mein Tagebuch:

»Von allen Katzen, die mich besessen haben, hat keine meinen weißen Kater erreicht an Lieblichkeit, Intelligenz und Anhänglichkeit. Daß er taub ist, ist schließlich doch recht unwichtig.«

# Gina Ruck-Pauquèt

## Warum jedes Jahr wieder Weihnachten wird

Am Tag vor dem Heiligen Abend sind die Kinder so unruhig, daß sie überhaupt nichts mehr mit sich anzufangen wissen.

»Was sollen wir nur tun?« fragen sie die Mutter.

»Lauft nicht immer hinter mir her«, sagt die Mutter. »Ihr stört mich. Ich habe jetzt keine Zeit. Spielt doch ein bißchen Domino!« schlägt sie dann vor.

Eine Weile spielen Pit, Pat und Pet Domino. Dann haben sie keine Lust mehr.

»Was sollen wir tun?« fragen sie wieder. »Die Zeit geht nicht rum!«

»Bürstet den Kater Jippi«, sagt die Mutter. »Damit er Weihnachten fein aussieht.«

Aber Kater Jippi will sich nicht bürsten lassen. Er faucht und schlägt mit den Krallen, und zum Schluß läuft er auch noch weg. Damit die Mutter aber endlich ihre Ruhe hat, geht sie auf den Speicher und holt einen Stapel uralter, verstaubter Bücher herunter.

»Die hat meine Mutter gelesen, als sie noch klein war«, sagt sie. »Schaut sie euch an.«

Da setzen sich Pit, Pat und Pet vor den Kamin und lesen in den uralten Büchern. Draußen peitscht der Regen gegen die Fensterscheiben, und auf einmal ist es richtig schön.

Wie es früher war, lesen Pit, Pat und Pet. Da gab es noch keine großen Städte, und die Leute wohnten draußen inmitten der Wälder und Wiesen. Viele wunderbare Geschichten stehen in den Büchern. Und auf einmal ist der Tag zu Ende, und die Kinder haben es gar nicht gemerkt.

»Da sind die Rehe bis an die Häuser gekommen«, sagt Pat, als sie ihre Nachthemden angezogen haben und zu Bett gehen.

»Ja, und die Leute haben wunderbare Kräuter gefunden«, erzählt Pet. »Manche waren gut für die Knie, wenn man hingefallen ist.«

Pit sieht sehr nachdenklich aus.

»Das schönste war, daß es den ganzen Winter geschneit hat«, sagt er endlich. »Hier regnet es nur.«

Pat und Pet nicken. Sie schieben den Vorhang zur Seite und schauen hinaus. Es regnet immer noch.

»Nicht mal zu Weihnachten gibt es Schnee«, sagt Pat.

Dann knipst sie die Lampe aus, und jeder denkt still für sich noch ein paar Gedanken, bis er einschläft. In der Nacht aber geschieht etwas Merkwürdiges: Pit, Pat und Pet träumen den gleichen Traum...

Sie gehen durch einen tiefen, dunklen Tannenwald, und es beginnt zu schneien. Lautlos schweben die Flocken herab. Zuerst ganz kleine, und dann werden sie immer größer, bis sie fast so groß wie Schmetterlinge sind. Die Bäume breiten ihre Zweige aus und nehmen die Schneeflocken auf. Und auf einmal ist der Himmel übersät mit goldenen Glöckchen, die leise klingeln. Vielleicht sind es die Sterne, die lachen. Man weiß es nicht.

Da treten die Tiere aus dem Gesträuch: die stolzen Hirsche, die Füchse und Rehe, Eichhörnchen mit buschigen Schwänzen, Igel und Hasen. Und ringsum schwirren bunte Vögel umher und zwitschern. Die Hirsche beugen ihre Knie und lassen Pit, Pat und Pet auf ihre Rücken steigen. Auf sanften Hufen traben sie durch den Winterwald. Ganz zart singt der Wind in den verschneiten Bäumen, der Schnee breitet seinen weißen Teppich aus, und der Mond legt einen goldenen Schimmer darüber. So feierlich und still ist es, daß den Kindern ganz seltsam zumute wird vor lauter Glücklichsein.

Aber dann, auf einmal haben sie nicht aufgepaßt, und – plumps – fallen sie vom Rücken der Hirsche hinunter in den Schnee.

Als Pit, Pat und Pet die Augen öffnen, stellen sie fest, daß sie aus ihren Betten gepurzelt sind.

»Ach, es war nur ein Traum!« seufzen sie und reiben sich die Augen.

Und da sind sie alle drei ein bißchen traurig. Doch als sie aus dem Fenster schauen, sehen sie, daß etwas Wunderbares geschehen ist. Über Nacht hat sich die große Stadt verwandelt – es hat geschneit!

»Hurra!« schreien Pit, Pat und Pet.

Sie waschen sich schnell ein ganz kleines bißchen, ziehen sich an und laufen hinaus. Nie war es so still. Selbst die Autos fahren lautlos durch die weißen Straßen und haben Schneehüte auf. Die Häuser sehen aus wie mit Zuckerguß überzogen, von den Fenstern hängen schillernde Eiszapfen, und die Leute haben die Kragen ihrer Mäntel hochgeschlagen und schauen so vergnügt drein wie schon lange nicht mehr.

Und immer neue Schneeflocken segeln vom Himmel herunter und lassen sich nieder, wo es ihnen eben Spaß macht. Da fassen sich die Kinder bei den Händen und tanzen und springen.

»Es schneit! Es schneit!« singen sie. Und sie denken,

daß Heiligabend ist und daß die Stadt nun genauso schön aussieht wie die Dörfer in den uralten Büchern.

Plötzlich aber entdecken sie noch etwas: Vor der Haustür steht ein großer, tiefverschneiter Tannenbaum. Lange schauen sich die Kinder an, ohne ein Wort zu sagen.

»Er ist aus dem Wald gekommen!« flüstert Pat dann.

»Aus dem geträumten Wald!« haucht Pit.

Und Pet sagt leise: »Unser Weihnachtsbaum!«

Es ist wirklich eine großartige Sache. Und außerdem dauert es jetzt nur noch ein paar Stunden, bis Weihnachten ist. Zuerst machen Pit, Pat und Pet eine Schneeballschlacht, dann bauen sie einen Schneemann, aber schließlich gehen sie doch lieber ins Haus.

Da ist es so aufregend und geheimnisvoll wie an keinem anderen Tag im Jahr. Ganz feierlich klingt die Musik aus dem Radio. Die Eltern sind ins Wohnzimmer verschwunden. Und es knistert und klappert, und plötzlich klingelt sogar ein Glöckchen. Aber nicht einmal durch das Schlüsselloch können die Kinder etwas sehen.

»Jippi ist natürlich drin!« sagt Pet. »An sich ist es ungerecht!«

Aber Pit, Pat und Pet sind viel zu aufgeregt, um sich wirklich zu ärgern. Sie laufen zum Fenster und wieder zurück, und dann setzen sie sich ums Radio und lauschen den Geschichten, die ein Mann erzählt. Ganz langsam wird es dämmerig.

»So!« ruft da plötzlich die Mutter, und sie sieht sehr vergnügt aus. »Wenn alle Kinder sauber sind, wollen wir nachsehen, was das Christkind gebracht hat!«

Da gibt es einen furchtbaren Andrang auf das Badezimmer, und diesmal waschen sich Pit, Pat und Pet sogar hinter den Ohren. Ganz ordentlich sehen sie alle drei aus. Die strubbeligen Haare haben sie sich mit Wasser festgeklebt.

Und dann ist endlich, endlich Weihnachten! Der ganz große Augenblick ist da: Die Wohnzimmertür öffnet sich, und da steht der Tannenbaum, strahlend und glitzernd, und erfüllt alles mit seinem Glanz. Nach Wald duftet es, nach Kerzenwachs und Lebkuchen, und nach Braten auch. Lange stehen die Kinder wie verzaubert, stumm und mit großen Augen.

»Na?« sagt der Vater endlich.

Und da stürzen sich Pit, Pat und Pet auf ihre Geschenke. Der Malkasten ist da, das Flugzeug, das Auto und noch eine Puppe, eine Lokomotive, ein Schiff und viele bunte Bilderbücher. Fast kann man es gar nicht begreifen, wie lieb das Christkind ist!

»Schau!« schreit Pit.

»Hier!« brüllt Pat.

Und Pet jubelt: »Oh! Wie schön! Wie schön!«

»Ich bin so dick voller Freude, daß ich platzen könnte«, sagt Pit endlich, und den beiden anderen geht es ebenso.

Ja, und der gehäkelte Hut paßt der Mutter wunderbar, und der Vater verspricht, ab sofort Pfeife zu rauchen anstatt Zigaretten. Jippi jagt mit der Gummimaus umher, und dann essen sie Braten, und alle sind richtig glücklich.

»Komisch«, sagt Pit endlich, als sie still und satt nebeneinandersitzen, »Weihnachten, das ist der Baum und die Geschenke und Musik und Braten. Doch es muß auch noch etwas anderes sein. Sonst würde die Freude doch jetzt aufhören. Sie hört aber nicht auf!«

Pat und Pet schauen ihn nachdenklich an.

»Ja«, sagt Pet, »das ist nur das Drumherum.«

Und Pat fragt: »Was ist denn der Kern von Weihnachten?«

»Weihnachten ist das Zeichen für einen Neubeginn«, sagt der Vater. »Das Licht kommt in die Welt und die Liebe.«

»Ja«, überlegt Pat, »Weihnachten lieben alle Menschen einander.«

»Aber nach Weihnachten hören sie wieder damit auf«, stellt Pet fest.

»Ist darum jedes Jahr wieder Weihnachten? Damit man wieder neu anfängt?« fragt Pit.

»Ja«, sagt die Mutter. »Die Menschen sind halt vergeßlich. Und Weihnachten soll sie immer wieder daran erinnern, daß sie neu anfangen können, gut zu sein.«

Da werden Pit, Pat und Pet sehr still. Jeder von ihnen nimmt sich heimlich vor, von jetzt ab ein besserer Mensch zu werden.

Und dann fängt der Kater Jippi mit dem Unsinn an! Er rast nämlich plötzlich am Weihnachtsbaum empor und schlägt drei Glaskugeln kaputt. Nun ist der Kater Jippi allerdings kein Mensch, und vielleicht hat er ja auch keine guten Vorsätze gehabt, aber danach dauert es nicht mehr lange, als das mit Pet passiert.

Bevor er es selber recht merkt, hat er Pit einen Marzipankringel vom Teller geklaut. Nur so. Pit hat es gleich mitgekriegt. Er ist mit einem Satz bei Ped und tritt ihn gegen das Schienbein. Und weil sie bei der Gelegenheit beide versehentlich auf Pats neuer Puppe herumtrampeln, beginnt Pat zu schreien wie am Spieß.

Die Eltern stehen nur da und schauen sie an. Da sind sie plötzlich alle drei ganz still. Wie erstarrt wirken sie. Und dann heulen sie los. Zuerst Pat, dann Pit, und zuletzt auch Pet.

»Nun war alles vergebens!« schluchzt Pet.

»Das ganze Weihnachten!« schnuffelt Pit.

»Und dabei wollte ich ein guter Mensch werden!« jammert Pet. »Und zwar augenblicklich!«

»Nun hört mal auf zu weinen«, sagt die Mutter da.

Und der Vater nimmt sie alle drei in die Arme.

»Es kann schon vorkommen, daß einem ein Anfang mißlingt«, tröstet er. »Aber Weihnachten soll ja nur daran erinnern, daß man neu anfangen kann. Man kann in jedem Augenblick des Lebens neu anfangen. Wenn man dann hin und wieder einmal Fehler macht, so ist es nicht so schlimm. Man muß nur wirklich gut sein wollen, dann klappt es schon eines Tages.«

Da trocknen sich Pit, Pat und Pet ihre Tränen, und Weihnachten ist wieder schön.

»Wir sind ja auch noch ziemlich klein«, sagt Pit.

»Wir schaffen es schon!«

Und daran glauben sie alle ganz fest. Ein bißchen spielen sie noch mit ihren neuen Sachen, dann werden Pit, Pat und Pet langsam müde. Und morgen ist schließlich auch noch Weihnachten.

Den ganzen ersten Weihnachtstag sind sie vergnügt miteinander, Pit, Pat und Pet, die Eltern und Jippi. Und wenn man davon absieht, daß Pet versehentlich einen Kerzenleuchter zerbricht, passiert auch wirklich nichts Schlimmes. Am zweiten Weihnachtstag scheint die Sonne so schön auf den Schnee, daß Mutter die Kinder nach draußen schickt. Das Auto und das Flugzeug nehmen Pit und Pet natürlich mit.

Aber als sie draußen eine Weile damit gespielt haben, ist das Auto plötzlich kaputt.

»Oh«, sagt Pit, »wie schade! Ein Rad ist ab!«

»Und mein Flugzeug hat einen geknickten Flügel!« ruft Pet. »So was Dummes!«

»Na ja«, meint Pat. »Das ist halt so nach Weihnachten!«

»Aber Weihnachten ist doch nicht vorbei!« sagt Pit. Und wirklich riecht es nach Tannengrün und Kerzenwachs, und manchmal leuchten hinter dem Fenster eines Hauses die Lichter des Christbaumes auf.

»Aber fast«, sagt Pat.

Sie schlendern die stillen Straßen entlang. Und hier und da stellen sich Pit, Pat und Pet auf die Zehenspitzen und schauen ein wenig in die Fenster zu den Leuten hinein.

Eigentlich tut man so etwas natürlich nicht, aber andererseits ist es doch furchtbar interessant. Manche Leute sitzen unter ihrem Weihnachtsbaum, gähnen und haben Pantoffeln an. Manche Leute schlafen auf dem Sofa, und ein paar hocken vorm Fernseher.

»Hm!« sagt Pit.

Sie treten an einer Stelle den Schnee fest und kegeln mit Nüssen. Aber großen Spaß macht es nicht. Und das Flugzeug und das Auto liegen neben ihnen und sehen ganz traurig aus.

»He! Struppi!« ruft Pet einem kleinen schwarzen Hund zu, der vorüberläuft.

Doch der Struppi hat sich über Weihnachten den Magen verdorben. Er ist schlecht gelaunt und knurrt sie an.

*Tap, tap, tap*, schlurfen da Schritte die Straße entlang.

»Das ist der alte Sebastian!« flüstert Pat. »Mit dem spricht keiner.«

»Weil der sich nicht wäscht«, erklärt Pit.

»Und überhaupt!« setzt Pet hinzu.

»Was er wohl Heiligabend gemacht hat?« überlegt Pat plötzlich.

»Der kriegt immer eine Wurst vom Metzger Schmitt«, sagt Pet. »Das weiß ich. Und der Bäcker schenkt ihm Semmeln dazu.«

»Ob sie das tun, weil sie ihn zu Weihnachten lieben?« fragt Pit. Er fragt mehr sich selber.

»Wenn man sich das überlegt«, sagt Pat. »Das mit dem Anfang ...«

Der alte Sebastian geht langsam an ihnen vorbei. Einen Moment lang schauen sich die Kinder an. In jedem Augenblick, denken sie. Also auch jetzt! So kommt es, daß sie plötzlich hinter dem alten Sebastian herlaufen.

»Guten Tag, Sebastian!« rufen sie. »Wie geht es dir?«

»Guten Tag«, entgegnet der alten Sebastian erstaunt. »Wie geht es euch denn?«

Pet scharrt vor Verlegenheit mit den Füßen im Schnee, und Pat kratzt sich auf dem Kopf.

»Ach«, stottert Pit, »so! Unser Spielzeug ist kaputt!« fällt es ihm da ein.

»Und der Schnee ist auch schon schmutzig«, setzt er hinzu.

Da lacht der alte Sebastian, daß man seinen letzten Zahn sieht.

»Das mit dem Schnee kann ich nicht ändern«, sagt er. »Aber zeigt mal euer Spielzeug her!«

Er setzt sich auf die Stufen des Denkmals und nimmt das Auto und das Flugzeug in seine Hände. Und weil der alte Sebastian in seinem Leben schon vielerlei geflickt hat – was aber niemand weiß, weil niemals jemand mit ihm spricht –, dauert es nicht lange, und er hat das Auto und das Flugzeug wieder repariert.

»Oh!« sagen Pit, Pat und Pet. »Danke schön!«

»Wir müssen ihm eine Freude machen«, flüstert Pat. Da nehmen sie alle drei ihre Wollmützen ab und singen für den alten Sebastian ein Weihnachtslied. Wer weiß, woran es liegt – vielleicht daran, daß der alte Sebastian ganz glänzende Augen bekommt –, jedenfalls ist es fast noch einmal so schön wie am Heiligen Abend.

Und es dauert nicht lange, da öffnen einige Leute ihre Fenster und singen mit.

Ja – und als Pit, Pat und Pet den alten Sebastian am nächsten Tag wiedertreffen, scheint er ihnen direkt ein wenig sauberer zu sein. Vielleicht bilden sie sich das ja nur ein. Aber vielleicht ist es auch wahr.

# Eva Hüttemann

## Bastian wandert aus

Die ganz enge Verbundenheit der beiden Brüder hob sich allmählich auf. Beide waren kastriert worden. Es war besser so, denn es gab so viele Katzenkinder mit unsicherer Zukunft. Wir wollten nicht, daß noch mehr solcher kleiner Wesen einfach ertränkt oder fortgeworfen werden.

Nur stellte sich im zweiten Jahr heraus, daß beim Bastian die halbe Männlichkeit versteckt gewesen war und er nachher doch ein ganzer Katermann wurde. Er suchte ein Revier und fand es – leider außerhalb unseres Anwesens – unter dem ausgehöhlten Holzboden eines nahen verfallenen Schuppens. Dort gab es Mäuse in Massen und was weiß ich noch! Bastian fand es toll, hauste dort wie ein Trapper im Wilden Westen und kam nur abends heim, um eine sichere Mahlzeit zu haben. Er versuchte Florian zu verdreschen – aber man kann ja den Flori nicht verhauen (siehe die Geschichte mit seinem Vater).

Beide tollten in wilden Sprüngen über die Koppel. Nachher saßen sie dicht zusammen, putzten sich gegenseitig, und vielleicht erzählte Bastian dem Flori von seinen neuen Abenteuern als Katermann und seinem wilden Leben unter dem Holzschuppen. Ein wenig später war er dann wieder verschwunden. Morgens kam er nie mehr! Selbst als der zweite Winter unser neues Holzhaus mit großer Kälte überfiel und ihm eine dicke weiße Schneemütze aufsetzte, blieb er seinem selbstgewählten Quartier unter dem Holzschuppen treu.

Ich stand vor einem Rätsel. Unser Haus war selbst im ungeheizten Stall von erträglichen Temperaturen. Es gab weiche Katzenbetten im Heu und Stroh. Florian schlief dort tagsüber warm eingekuschelt und fühlte sich wohl. Ich dachte mit Schaudern an Bastians »Trapperhöhle«. Morgens brachte ich ihm angewärmtes Fleisch, stand mit klammen Händen im Schneetreiben und rief ihn. Aus irgendeiner Ritze kam er dann meistens aus dem »Untergrund« hervor oder mit einem Satz durch das zerbrochene Fenster des alten Schuppens. Gierig fraß er im Schnee das Mitgebrachte, ließ sich streicheln, war vertraut, aber nicht zu bewegen, mit mir zurückzukommen.

»Bastilein, sag bloß, daß es dir hier gefällt.« Ich guckte durch den Spalt eines anderen vernagelten Fensters: Unordnung, alte Holzlatten, Dreck und Steinboden. Ich sah nicht ein einziges Fleckchen, wo es hätte gemütlich sein können. Nicht einmal altes Heu. Nur Kälte und Dreck. Traurig ging ich jedesmal heim.

Abends kam er dann immer. Als kleine, schwarze, einsame Gestalt sah ich ihn mit Anbruch der Dämmerung oder gar in der Dunkelheit durch den Schnee nach Hause kommen. Die Perlenschnur seiner kleinen Pfotenabdrücke im Schnee die ganze Straße entlang bis zum Schuppen dahinten rührte mich jedesmal.

In Winterzeiten war natürlich der Koppelgang für die zwei Rösser nicht möglich. Ich konnte sie zum Abendstalldienst nicht einfach auf die Koppel aussperren. So stand dann immer einer auf der Stallgasse, bis die Box fertig war. Dona war ruhig, und ihre gemütliche breite Kruppe wurde Bastians Lieblingsplatz zum Pfotenwärmen. War er nach Hause gekommen, hob ich ihn auf den warmen runden Pferderücken – im dichten Winterfell schmolz der Schnee von Bastis Pfoten. Manchmal lief er vorsichtig bis zur Mähne und pfötelte mit den Mähnenhaaren – letztendlich aber thronte er als schnurrende schwarze Fellkugel auf dem breiten Hinterteil von Dona.

Florian wollte lieber in den Boxen helfen – wohl um die Sache zu beschleunigen, denn das Katerabendessen gab es erst nach den Pferden – immer. Manchmal ritt Bastian noch mit, über die Stallgasse bis in die Box, um dann dort mit kühnem Satz »abzusitzen«! Während beide aus ihren vertrauten Schüsselchen fraßen, grübelte ich darüber nach, warum Bastian ausgezogen war. Wir hatten es so gemütlich. Das Geräusch der fressenden Pferde – die warme Burg aus Stroh und Heu! Im strengen Ritus prüften nach dem Essen Flori und Basti jeder des anderen Schüsselchen – glänzend sauber waren sie nach der Inspektion.

Dann wurde abgeschlossen, und im Geleit der beiden Kater stapfte ich ums Haus durch den Schnee zu meiner »Boxentüre«. Denn daß es in kalten Winternächten bei mir noch wärmer war als im Stall, das wußten beide.

Unser (noch immer nicht französisches) Bett war inzwischen ausgerüstet mit dickem Flokati und weichen Mohairdecken und der Mittelpunkt der Gemütlichkeit im kleinen Zimmer an Winterabenden.

Warum nur zog es Bastian spätestens nach Mitternacht wieder in die Eiseskälte seines Unterschlupfs unter den blöden Holzstapel? Ich konnte das Rätsel nie lösen. Es blieb dabei bis fast an sein Lebensende.

# Cleveland Amory

## Die Katze, die zur Weihnacht kam

Niemanden, der je Eigentum einer Katze war, wird es verwundern, daß er selbst die unbedeutendsten Ereignisse, die im Zusammenhang mit seiner Katze passierten, sein ganzes Leben nicht vergißt. Zu diesen Erinnerungen gehört nicht zuletzt, wie sie beziehungsweise er ihm zum erstenmal begegnete.

Als ich meine Katze das erste Mal sah, dachte ich nie, daß unser Zusammentreffen je etwas Denkwürdiges bekommen würde. Zunächst einmal sah ich sie nur undeutlich. Es schneite, und sie stand in einiger Entfernung von mir in einer engen Straße in New York. Und dann nahm das, was ich von ihr sah, mich ganz und gar nicht für sie ein. Sie war mager, sie war verdreckt, und sie war anscheinend verletzt.

Die Umstände unserer Begegnung entbehrten nicht einer gewissen Ironie: Es war Heiligabend, und inmitten der weihnachtlichen Stimmung bot die Katze ein Bild des Jammers. Ein Fremder würde es kaum glauben, aber New York kann, wenn es sich anstrengt, eine schöne Stadt sein. So war es auch an jenem Weihnachtsabend vor ein paar Jahren.

Einen wichtigen Beitrag leistete der Schnee: Schnee lag in den Straßen, und noch immer fielen dicke Flocken – ein seltener Anblick zu Weihnachten. Die weiße Pracht begann allmählich die vielen alltäglichen New Yorker Mißlichkeiten wie Lärm und Dreck, üble Gerüche und Schlaglöcher zu dämpfen und zu überdecken. Die Christbäume und die Lämpchen und die weihnachtlich dekorierten Fenster, all das, was anderswo so gewöhnlich wirken kann, wirkte an diesem verschneiten Abend in New York einfach stimmig.

Für mich persönlich jedoch schien gerade dieses Weihnachtsfest wenig Erfreuliches bereitzuhalten. Daß es bereits sieben Uhr war und ich noch immer in meinem Büro am Schreibtisch saß, sprach für sich. Der Verein zur Bekämpfung von Grausamkeit gegenüber Tieren, den ich ein paar Jahre zuvor gegründet hatte, war in Schwierigkeiten – offen gesagt, gilt das heute noch – und schien dem Ende nahe. Wir waren auf beinahe jedem Gebiet des aktiven Tierschutzes vehement engagiert, und obwohl wir dies zu Gehältern taten, die mit knapper Not zum Leben reichten – oder, wie die meisten von uns, überhaupt ohne jede Bezahlung –, konnte sich der Verein finanziell kaum über Wasser halten. Er hatte zwar gewisse Erfolge verbuchen können, doch seine großen Leistungen lagen noch im Schoß der Zukunft.

Sogar sein Name, Tierschutz-Fonds, hatte sich als eine Enttäuschung erwiesen. Ich hatte ihn in einem, wie ich glaubte, Augenblick sublimster Inspiration gewählt, weil ich überzeugt war, seine bloße Erwähnung werde erkennen lassen, daß wir Geld gebrauchen konnten. Doch wie sich zeigte, hatte der Name mitnichten diese, sondern die gegenteilige Wirkung. Alle Leute dachten, wir hätten das Geld bereits.

Zu der Ebbe, die an diesem Heiligen Abend in der Vereinskasse herrschte, kam noch, daß es um meine eigenen Finanzen nicht zum besten bestellt war. Meine schriftstellerische Tätigkeit, mit der ich mir schon seit Jahren meinen Lebensunterhalt zu verdienen pflegte, wollte keine Früchte tragen. Ich verwandte soviel Zeit darauf, den Fonds flottzubekommen, daß ich den Ablieferungstermin für ein Buch um vier Jahre überzogen hatte und mit zwei Zeitschriftenartikeln schon so viele Monate in Verzug war, daß mir halbwegs plausible Entschuldigungen ausgingen.

Was mein Privatleben anging, ließ auch dieses einiges zu wünschen übrig. Vor kurzem geschieden, wohnte ich in einem kleinen Apartment, und obwohl ich nicht gerade ein Eremitenleben führte – ich hätte an diesem Abend zwischen mehreren Einladungen von Arbeitskollegen und sogar von Freunden wählen können –, fand ich doch, daß Weihnachten ein Fest ist, das man nicht mit Leuten aus dem Büro oder auch Freunden, sondern mit seiner Familie verbringen soll. Und meine Familie bestand zu diesem Zeitpunkt aus einer einzigen, geliebten Tochter, die in Pittsburgh lebte und selbst eine Familie hatte, die sie vollkommen ausfüllte.

Ein letztes kam dazu: Obwohl ich zeit meines Lebens, soweit ich mich überhaupt erinnern kann, und auch während meiner Ehejahre Tiere hatte und obwohl ich jeden Tag mit Tieren zu tun hatte, nannte ich kein einziges mein eigen. Für einen Tierfreund ist ein Heim ohne Tiere überhaupt kein Heim. Trotzdem war ich überzeugt, daß es bei diesem Zustand bleiben werde. Ich war im Durchschnitt mehr als zwei Wochen pro Monat auf Reisen und beinahe so oft von zu Hause fort wie daheim. In meiner Situation ein Tier zu halten wäre unverantwortlich gewesen.

Ich war gerade von der erfreulichen Beschäftigung, dem fallenden Schnee draußen zuzusehen, zu der unerfreulichen Arbeit zurückgekehrt, die eingegangenen Rechnungen durchzusehen, als es klingelte. Draußen stand eine mit Schneeflocken bedeckte Frau; es war Ruth Dwork. Ich kannte Miss Dwork schon seit vielen Jahren. Sie war früher einmal Lehrerin gewesen und gehörte zu den Leuten, die ein großes Herz für Tiere haben. Sie holt alle möglichen Geschöpfe von der Straße, von Hunden bis zu Tauben, und hat ihr Leben der »Armee der Helfenden«, wie ich sie getauft habe, verschrieben. Allerdings ist sie in dieser Armee kein einfacher Soldat – sie hält sie einsatzbereit. Deswegen habe ich sie immer Sergeant Dwork genannt.

»Fröhliche Weihnachten, Sergeant«, sagte ich. »Was kann ich für Sie tun?«

Sie war ganz geschäftsmäßig-nüchtern. »Wo ist Marian?« fragte sie. Marian Probst, meine langjährige Gehilfin, hat viel Erfahrung darin, Tiere von der Straße zu holen; nach dem Gebaren Sergeant Dworks zu urteilen, war gerade eine solche Aktion im Gange. »Marian ist nicht mehr da«, sagte ich. »Sie ist gegen halb sechs weggegangen und hat etwas davon gemurrt, daß manche Leute am Heiligen Abend frei bekämen. Ich sagte ihr, sie gehöre zu denen, die immerfort auf die Uhr sehen, aber es hat nichts geholfen.«

Sergeant Dwork fand das nicht lustig. »Und wie steht's mit Lia?« wollte sie wissen. Lia Albo koordiniert die Arbeit des Tierschutz-Fonds landesweit und ist außerdem sehr geschickt darin, herrenlosen Tieren ein Heim zu finden. Sie war jedoch schon vor Marian weggegangen.

Miss Dwork war offensichtlich nicht sehr glücklich darüber, mit mir vorliebnehmen zu müssen. »Na schön«, sagte sie, mich kritisch musternd, versuchte aber, das Beste daraus zu machen, »ich brauche unbedingt jemanden mit langen Armen. Ziehen Sie Ihren Mantel an.«

Während ich mit Sergeant Dwork durch den wirbelnden Schnee und in bitterer Kälte die Straße entlangging, erklärte sie mir, daß sie schon seit beinahe einem Monat eine bestimmte herrenlose Katze einzufangen versuchte, bisher aber keinen Erfolg gehabt habe. Sie habe, sagte sie, schon alles versucht, habe sich bemüht, die Katze in eine »Hab-ein-Herz«-Falle zu locken, doch so ausgehungert das Tier und so erfolgreich diese Methode in zahllosen anderen Fällen gewesen sei, hier habe sie nicht funktioniert. In der letzten Zeit, sagte Miss Dwork, sei sie nun zu einem direkteren Vorgehen übergewechselt. Zwar habe sie es immerhin so weit gebracht, daß die Katze dicht an den Eisenzaun am Ende der Gasse gekommen sei und sogar von ihren ausgestreckten Fingern kleine Käsestückchen genommen habe. Es sei ihr aber nie geglückt, das Tier so nahe herbeizulocken, daß sie es fangen konnte. Bei jedem Versuch sei die Katze weggesprungen, und jedesmal sei es schwieriger geworden, das Vertrauen des immer argwöhnischer werdenden Tieres zurückzugewinnen.

Am Abend vorher, erfuhr ich von Sergeant Dwork, sei sie zum erstenmal drauf und dran gewesen, die Katze zu erwischen. Diesmal sei das Tier, während des den Käse verschlang, nicht weggesprungen, sondern stehengeblieben, wo es war – näher als je zuvor, aber ärgerlicherweise gerade noch außer Reichweite. So erfreulich das war, Miss Dwork war nun überzeugt, sich im Wettlauf mit der Zeit zu befinden. Die Katze hatte im Souterrain eines Wohngebäudes Zuflucht gesucht, und der Hausverwalter war angewiesen worden, sie noch vor Weihnachten daraus zu vertreiben; andernfalls werde er Ärger bekommen. Und nun hatten die ihm unterstellten Leute auf seine Anweisung der Katze den Krieg erklärt. Miss Dwork hatte, als sie das letztemal dort gewesen war, selbst gesehen, wie jemand einen Gegenstand nach dem Tier warf und es damit traf.

Als wir unser Ziel erreichten, stellte ich fest, daß hier zwei Gassen begannen. »Sie ist entweder in der einen oder in der andern«, flüsterte Sergeant Dwork. »Sie nehmen sich die hier vor, ich mir die andere.« Sie verschwand nach links, und ich stand da, im unablässig fallenden Schnee in meinen Mantel vermummt, und spähte in den dunklen Schacht vor mir. Ehrlich gesagt, hatte ich wenig Vertrauen zu dem ganzen Plan.

Die Gasse war wie ein Messereinschnitt zwischen zwei hohen Gebäuden, gesäumt von düsteren, eingedellten Mülltonnen, mit schneebedeckten Abfallbergen, die durch einen Eisenzaun von der Straße getrennt waren. Und dann, während ich angestrengt umherblickte, um zu sehen, wo sich inmitten dieser Trostlosigkeit die Katze versteckt halten könnte, bewegte sich plötzlich einer der Abfallhaufen. Irgend etwas reckte sich, schüttelte sich und drehte sich zu mir her, um mich in Augenschein zu nehmen. Ich hatte die Katze entdeckt.

Wie ich schon sagte, war der erste Anblick nicht eben denkwürdig. Das Tier wirkte eher wie ein Gespenst in Katzengestalt. Vor dem weißen Hintergrund des Schnees sah es so mager aus, daß es ganz und gar wie ein richtiges Gespenst gewirkt hätte, wäre es nicht so mitleiderregend schmutzig gewesen. Ja, es starrte derart vor Dreck, daß sich nicht einmal erraten ließ, welche Farbe sein Fell ursprünglich gehabt haben mochte.

Wenn Katzen, selbst streunende Katzen, es so weit mit sich kommen lassen, zeigt das zumeist, daß sie aufgegeben haben. Auf diese Katze traf dies jedoch nicht zu, obwohl sie nicht nur schmutzig, sondern auch naß war, fror und Hunger hatte. Zu allem Überfluß ließ ihre schiefe Haltung auf eine Verletzung schließen, entweder an einem der Hinterbeine oder an einer Hüfte. Und die Schnauze wirkte sonderbar verkrümmt, offenbar von einer breiten Schnittwunde entstellt.

Aber sie hatte, wie gesagt, nicht aufgegeben. Während sie zu mir herstarrte, hob sie, so schwer es ihr auch gefallen sein muß, eine Vorderpfote und begann sie abzulecken. Dann kam die andere Vorderpfote dran. Und als sie geputzt waren, machte sich das Tier an das ungleich schwierigere Werk, zuerst – ungeachtet seiner verletzten Hüften – die eine und dann die andere Hinterpfote hochzuhieven. Als es schließlich damit fertig war, vollführte es etwas, was mir völlig unglaublich erschien: Es machte mit angelegten Ohren einen Luftsprung, als übte es, ausgerechnet in dieser Verfassung, seinen Beutesprung.

Als ich diesen Sprung sah, fühlte ich mich erleichtert. Vielleicht war die Katze doch nicht so schwer verletzt, wie ich anfangs gedacht hatte.

Einen Augenblick später merkte ich, daß Miss Dwork, die sich auf leisen Sohlen bewegte, wieder zu mir gestoßen war. »Sehen Sie sich ihre Schnauze an«, wisperte sie. »Ich hab' Ihnen ja gesagt, sie haben ihr den Krieg erklärt.«

Auch wir hatten einen Krieg vor uns – aber nicht einen gegen, sondern für die Katze. Während Sergeant Dwork mir leise ihren taktischen Plan mitteilte, beschlich mich das ungute Gefühl, daß sie mich anscheinend als einen blutigen Anfänger betrachtete und deswegen darauf bedacht war, mir nur einfache Aufgaben zuzuteilen, mit denen nicht einmal ein männliches Wesen überfordert war. Jedenfalls erklärte sie mir, noch immer im Flüsterton, sie werde sich dem Zaun nähern, auf der ausgestreckten Hand die Käsestückchen, die der Katze inzwischen völlig vertraut waren. Ich sollte mich hinter ihrem Rücken zusammen mit ihr vorwärts bewegen. Sobald sie die Katze so nahe wie möglich herangelockt hatte, wollte sie rasch einen Schritt zur Seite tun, und ich sollte mich, die Arme bereits durch den Zaun gestreckt, auf die Knie fallen lassen und zupacken. Sergeant Dwork war überzeugt, die Katze sei derart ausgehungert, daß sie in diesem Augenblick in ihrer Wachsamkeit so weit nachlassen werde, daß sie nach dem Köder schnappte – und das werde ihre Gefangennahme besiegeln.

Wir machten uns ans Werk, und während ich hinter Sergeant Dwork kroch, erhaschte ich zum erstenmal einen Blick in die Augen der Katze, die zu uns herüberstarrte. Sie waren das Schönste überhaupt an der armseligen Kreatur: sanft und von einem strahlenden Grün.

Während sich Sergeant Dwork dem Zaun näherte, redete sie in beruhigendem Ton auf die Katze ein, zog zugleich demonstrativ den Käse aus der Tasche und versuchte das Tier dazu zu bringen, sich nicht auf das massige Etwas zu konzentrieren, das hinter ihr dräute. Sie tat dies mit solcher Geschicklichkeit, daß wir unsere Zielposition tatsächlich fast im selben Augenblick erreichten, als die Katze, die noch immer, wenn auch zusehends argwöhnischer, näher kam und so dicht am Zaun stand, daß sie den ersten Bissen von Sergeant Dworks ausgestreckter Hand nehmen konnte.

Doch dies bot uns noch keine Chance. Mit einer einzigen unglaublich flinken Bewegung packte die Katze das Käsestückchen, schlang es hinunter und sprang zurück. Unser zweiter Versuch hatte genau das gleiche Ergebnis. Wieder ein Satz nach vorne, das Zupacken, das Hinunterschlingen und der Sprung zurück. Sie beherrschte das Spiel des Zuschnappens und Ausweichens einfach zu gut.

Mittlerweile war ich überzeugt, daß Sergeant Dworks Plan zu nichts führen werde. Aber ebenso stand für mich fest, daß wir die Katze irgendwie erwischen mußten. Ich wäre am liebsten über den Zaun geklettert und hätte Jagd auf sie gemacht.

Von einer solchen Verrücktheit wollte Sergeant Dwork natürlich nichts wissen, und obwohl es mich ärgerte, wußte ich doch, daß sie recht hatte. Auf diese Weise hätte ich das Tier nie gefangen. Doch Sergeant Dwork ging etwas anderes durch den Kopf. Wortlos gab sie mir zu verstehen, wie sie ihre Taktik abzuwandeln gedachte. Diesmal wollte sie der Katze nicht nur ein, sondern zwei Käsestückchen hinhalten – je eines auf beiden ausgestreckten Händen. Doch diesmal, bedeutete sie mir, werde sie zwar die rechte Hand, so weit es ging, die linke hingegen längst nicht so weit durch den Zaun strecken. Offensichtlich hoffte sie, die Katze werde versuchen, beide Bissen zu erwischen, ehe sie wegsprang. Noch einmal gingen wir zum Angriff über, und ich schob über Sergeant Dwork die Hände durch den Zaun. Und jetzt nahm die Katze, ganz wie erhofft, nicht nur den ersten Bissen, sondern wollte sich auch den zweiten holen. Und exakt in diesem Augenblick, mitten im Zubeißen, warf sich Sergeant Dwork seitwärts, während ich mich auf die Knie fallen ließ.

Meine Knie schlugen auf dem Boden auf, mein Gesicht prallte gegen den Zaun, aber ich spürte es nicht einmal. Denn zwischen meinen Händen – von meinen Fingern fest umklammert – war die Katze. Ich hatte sie.

Überrascht und wütend gab sie zuerst ein Fauchen und dann einen Schrei von sich, wand sich hin und her und zerkratzte mir mit ihren Krallen beide Hände. Wieder spürte ich nichts, weil ich inzwischen ganz mit der doppelten Aufgabe beschäftigt war, sie nicht loszulassen und gleichzeitig ihren mageren, sich verzweifelt windenden Körper – den ich in einem festen Griff hielt, wenn auch für einen Sekundenbruchteil nur in einer einzigen Hand – durch eine der schmalen Öffnungen in dem Eisenzaun zu manövrieren. Nun kam mir zustatten, daß sie nur aus Haut und Knochen bestand, denn so konnte ich sie zwischen den Stangen durchziehen.

Noch immer kniend hob ich sie auf und versuchte sie in meinen Mantel zu stopfen. Doch dabei war ich entweder zu optimistisch oder zuwenig auf der Hut, denn irgendwo zwischen Hochheben und Hineinstopfen verpaßte sie mir, noch immer fauchend und spuckend, einen letzten bösen Kratzer über Gesicht und Hals.

Als ich mich hochrappelte, klatschte Sergeant Dwork vor Freude in die Hände, aber offensichtlich fand sie, nun sei es an der Zeit, *mich* in Sicherheit zu bringen. »Oh!« sagte sie. »Oje! Ihr Gesicht! Mein Gott!« Während wir im Schnee dastanden, versuchte sie mir mit ihrem Taschentuch das Blut abzuwischen. Und währenddessen spürte ich, daß das kleine Herz der Katze vor Furcht wie wild pochte und sie sich unter meinem Mantel zu befreien versuchte. Doch ich hatte sie fest im Griff und nun wieder mit beiden Händen.

Sergeant Dwork hatte mir inzwischen das Gesicht

saubergetupft und wurde wieder ganz zum Sergeant. »Ich übernehme sie jetzt«, sagte sie und streckte die Hände aus. Unwillkürlich machte ich einen Schritt zurück. »Nein, nein, es ist schon in Ordnung so«, versicherte ich ihr. »Ich nehme sie mit zu mir nach Hause.« Davon wollte Sergeant Dwork nichts wissen. »Aber nein!« rief sie. »Ich wohne ja ganz in der Nähe.« – »Ich auch«, antwortete ich und schob die Katze noch tiefer in die Tiefen meines Mantels. »Wirklich, es macht mir überhaupt nichts aus. Und außerdem ist es ja nur für diese Nacht. Morgen entscheiden wir dann – äh –, was mit ihr geschehen soll.«

Sergeant Dwork sah mich zweifelnd an, als ich mich auf den Weg machte. »Na schön«, sagte sie. »Ich rufe Sie gleich morgen früh an.« Sie winkte mit der Rechten, die in einem Fäustling steckte. »Fröhliche Weihnachten.« Ich wünschte ihr das gleiche, aber zurückwinken konnte ich nicht.

Joe, dem Portier in meinem Apartmenthaus, gefiel mein Aussehen ganz und gar nicht. »Mr. Amory!« rief er. »Was ist denn mit Ihrem Gesicht passiert? Ist alles in Ordnung?« Ich gab zurück, er hätte sehen sollen, wie der andere Typ zugerichtet war. Während er mich zum Lift führte, konnte er vor Neugierde kaum an sich halten, sowohl was den Umstand, daß ich scheinbar keine Hände mehr hatte, als auch die Ausbuchtung unter meinem Mantel betraf. Joe ist wie jeder gute Portier in New York die Diskretion in Person – zumindest von Hausbewohner zu Hausbewohner –, aber seine Neugier ist so riesengroß, daß sie es mit dem Mount Everest aufnehmen könnte. Zugleich aber hat auch er ein Herz für Tiere und konnte sich denken, daß das, was ich unter meinem Mantel trug, jedenfalls etwas

Lebendiges war. Er beugte sich zu mir und wollte in meinen Mantel fassen. »Lassen Sie's mich streicheln«, sagte er. »Nein«, antwortete ich entschieden. »Nicht anfassen!« – »Was ist es denn?« wollte er wissen. »Sagen Sie's niemandem«, antwortete ich, »aber es ist ein Säbelzahntiger. Und außerdem hat man ihm die Krallen nicht abgefeilt.« – »Mann!« sagte er. Und dann, kurz bevor sich der Lift in Bewegung setzte, teilte er mir mit, daß Marian schon oben sei.

Ich hatte damit gerechnet, daß Marian dasein werde. Mein Bruder und seine Frau hatten sich zu einem Drink bei mir angesagt, bevor wir alle zu einer Party aufbrachen, und Marian, die wußte, daß ich mich vermutlich verspäten würde, war gekommen, um sie hereinzulassen und sozusagen die Stellung zu halten.

Ich stieß mit dem Fuß an die Wohnungstür. Als Marian öffnete, sprudelte ich die Geschichte mit Sergeant Dwork und der eingefangenen Katze heraus. Auch sie wollte wissen, was mit meinem Gesicht geschehen sei. Ich versuchte es mit dem gleichen Witz wie bei Joe. Doch Marian ließ sich nicht mit matten Witzchen abspeisen. »Der einzige ›andere Typ‹, der mich interessiert«, sagte sie, »steckt in Ihrem Mantel.« Bevor ich mich nach vorn beugte, um meine Beute freizugeben, drückte ich die Katze noch einmal an mich, um ihr zu zeigen, daß jetzt alles in Ordnung sei.

Im Wohnzimmer hatte ich ein bescheidenes Weihnachtsbäumchen stehen. Es war nicht sehr groß – aber auch die Katze war damals noch nicht sehr groß. Den Baum umgab ein ansehnlicher Haufen bunt verpackter Geschenke, und er war sogar mit Kerzen geschmückt, die in rhythmischen Abständen aufleuchteten und erloschen. Für eine Katze jedoch ist ein Baum ein Baum, und dieser, so verrückt er auch aussah, bildete keine Ausnahme. Mit einem einzigen Satz sprang sie über die Päckchen, schoß durch die Zweige, an den Kerzen und an der elektrischen Schnur vorbei nach oben und verschwand in der Krone. »Braves Kätzchen«, hörte ich mich törichterweise sagen. »Du brauchst keine Angst zu haben. Hier passiert dir schon nichts.«

Ich trat an den Baum und griff dorthin, wo ich sie ungefähr vermutete, bekam sie aber nicht zu fassen. Mit einem einzigen Satz sprang sie herunter, flitzte an meinen wedelnden Armen vorbei und versuchte in den Kamin zu klettern. Zum Glück war der Rauchfang verschlossen.

Als sie wieder erschien, merklich schmutziger als vorher, wartete ich bereits auf sie. »Braver Junge«, flötete ich – denn inzwischen war mir klargeworden, daß es sich um einen Kater handelte. Ich versuchte dabei den verständigsten Ton anzuschlagen, dessen ich fähig war. Doch es half nichts – wieder war er weg. Diesmal tobte er durchs Schlafzimmer, in einer Blitztour, von der mehr zu hören als zu sehen war, so daß Marian und ich fürchteten, er könnte durchs Fenster zu springen versuchen. Als der Kater schließlich im Flur wieder auftauchte, wirkte sogar er etwas entmutigt. Vielleicht, dachte ich verzweifelt, kann ich ihm jetzt vernünftig zureden. Langsam trat ich rückwärts ins Wohnzimmer, um vom Tablett mit den Hors d'œuvres ein Stück Käse zu holen. Das würde ihm sicher klarmachen, daß er sich bei Freunden befand und ihm nichts geschehen würde. Als ich wieder in den Flur kam, traf ich Marian mit bestürzter Miene an. »Er ist fort«, sagte sie. »Fort?« sagte ich. »Wohin denn?« Marian schüttelte den Kopf, und plötzlich wurde mir bewußt, daß kein Lärmen, ja überhaupt kein Geräusch zu hören war.

Wir warteten auf sein Wiedererscheinen. Als es nicht dazu kam, blieb offensichtlich nichts anderes übrig, als mit einer systematischen Suche zu beginnen. Meine Wohnung ist vergleichsweise klein und bietet – jedenfalls waren Marian und ich zunächst dieser Ansicht – nur relativ wenige Versteckmöglichkeiten. Doch wir täuschten uns. Zum Beispiel stand im Wohnzimmer ein Bücherregal, das eine ganze Wand einnahm: der Kater war so mager und so flink, daß es durchaus denkbar war, daß er hinaufgeklettert war und es fertiggebracht hatte, sich hinter einen Stapel Bücher zu klemmen. Wir begannen Buch um Buch herauszuräumen.

Aber er war nicht dahinter. Er war überhaupt nirgends. Wir räumten drei Einbauschränke aus. Wir zerrten das Sofa von der Wand weg. Wir schauten unter die Tische. Wir suchten die Küche ab. Und obwohl sie so winzig ist, daß darin zwei Erwachsene von Normalgröße nur knapp zur gleichen Zeit Platz finden, öffneten wir jeden Schrank, schoben den Herd weg, schauten in das Mikrowellengerät und stocherten sogar in dem kleinen Schränkchen unter dem Spültisch herum.

In diesem Augenblick klingelte es an der Wohnungstür. Marian und ich tauschten einen Blick – das mußten mein Bruder und seine Frau Mary sein. Mein Bruder ist einer von den drei Männern, die als einfache Soldaten in den Zweiten Weltkrieg zogen und als Befehlshaber einer Frontdivision im Oberstenrang zurückkamen. Er war, genau gesagt, bei den amphibischen Kampfeinheiten und hat an vierzehn Landeoperationen gegen die Japaner teilgenommen. Später hatte er auch das Amt eines stellvertretenden Direktors der CIA inne. Als ein Mann, für den Krisen etwas Altgewohntes sind, warf er nur einen einzigen Blick auf das Chaos in meiner Wohnung. In solchen Situationen spricht mein Bruder nicht, sondern er blafft. »Einbrecher«, blaffte er. »Haben anscheinend gründliche Arbeit geleistet.«

Ich erklärte ihm kurz das Vorgefallene und daß der Kater nun überhaupt unauffindbar sei. Während Mary Platz nahm, übernahm mein Bruder augenblicklich das Kommando. Er wollte wissen, wo wir nicht gesucht hätten. Nur an Stellen, die für den Kater absolut unerreichbar seien, versuchte ich meine Stellung zu halten. »Ich will keine Theorien hören«, blaffte er. »Wo habt ihr *nicht* gesucht?« Resigniert nannte ich die obersten Fächer im Einbauschrank, die Herdröhre und die Geschirrspülmaschine. »Mal sehen«, schnarrte mein Bruder und nahm sich zuerst den Einbauschrank, dann den Herd und zuletzt die Geschirrspülmaschine vor. Und siehe da, unten im Geschirrspüler, buchstäblich um die Mechanik gewickelt, im unmöglichsten Versteck, in das man sich in der ganzen Wohnung zwängen konnte, war der Kater. »Sieh an«, sagte mein Bruder und wollte sich bücken, um das Tier herauszuziehen.

Ich hielt ihn zurück, weil ich nicht zulassen wollte, daß er noch einmal bei einer Landung unter feindlicher Gegenwehr sein Leben riskierte. Tapfer trat ich an seine Stelle. Schließlich war ich leichter zu entbehren.

Aber so oder so, keiner von uns brachte den Kater heraus. Er hatte sich so tief in die Maschine verkrochen, daß er selbst nicht mehr herausfand. »Benützt du den Spüler?« wollte mein Bruder wissen. Ich schüttelte den Kopf. »Dann zerleg ihn!« befahl er. Gehorsam suchte ich nach Schraubenzieher, Zange und Hammer, und wenn ich auch kein großer Monteur bin, kann mir wohl niemand, nicht einmal mein Bruder, als Demonteur das Wasser reichen. Doch ich kam ihm zu langsam voran. Ungeduldig schob er mich beiseite und stürzte sich selbst ins Getümmel. Ich erhob keinen Protest. Mit der Geschirrspülmaschine war er als Pionier schließlich fast in seinem Element.

Als mein Bruder mit der Arbeit fertig war, guckten wir alle, Marian eingeschlossen, den Kater an. Und zum erstenmal, seit ich ihn in der Gasse gesehen hatte, guckte er zurück. Er war derart erschöpft, daß er keinen Versuch machte, sich zu bewegen, obwohl es ihm nun möglich gewesen wäre. »Ich möchte einen Antrag einbringen«, sagte Marian leise. »Ich beantrage, daß wir ihn dort lassen, wo er jetzt ist, ihm etwas zum Fressen, Wasser und ein ›Töpfchen‹ hinstellen und ihn sich selbst überlassen. Ruhe und Frieden, das braucht er jetzt.«

Der Antrag wurde angenommen. Wir stellten drei Schüsselchen hin mit Wasser, Milch und etwas zu fressen, löschten alle Lichter, auch die Kerzen am Weihnachtsbaum, und verließen ihn.

Als ich in der Nacht nach Hause kam, trat ich auf Zehenspitzen in die Wohnung. Die drei Schüsseln standen genau dort, wo wir sie hingestellt hatten, und alle drei waren geleert. Von dem Kater war jedoch nichts zu sehen. Doch diesmal begann ich keine Suchaktion. Ich füllte die Schüsselchen einfach wieder und ging ins Bett. Unterstützt von einem Sergeanten, einem Oberst und von Marian war ich, wozu es auch führen mochte, zumindest auf ein paar Tage zu einer Weihnachtskatze gekommen.

Am nächsten Morgen erwachte ich schon früh – nach meiner Erinnerung so früh wie noch nie an einem Weihnachtsmorgen seit meiner Kindheit. Mein Rekord im Wachwerden am Weihnachtsmorgen stand bei vier Uhr früh. An meinem ersten Weihnachtsfeiertag mit dem Kater unterbot ich diese Marke zwar nicht, war aber nahe daran. Jedenfalls beschloß ich, sofort aufzustehen und mich auf die Suche nach ihm zu machen. Doch als ich mich schlaftrunken im Bett aufsetzte, sah ich mit einem einzigen Blick, daß sich das erübrigte. Nur ein paar Schritte von meinem Bett entfernt, in beinahe genau der gleichen Haltung, in der ich ihn zum erstenmal gesehen hatte, stand der Kater.

Anscheinend stand er schon seit einiger Zeit so da, auf irgendwelche Lebenszeichen von mir wartend. Und nun, da er solche registrierte, begann er zu sprechen. »Ajau«, sagte er.

»Was heißt hier ›ajau‹?« antwortete ich. »Fröhliche Weihnachten.« Ich erinnerte ihn, daß er eigentlich »miau« sagen müßte.

»Ajau«, wiederholte er. Konsonanten waren offenbar nicht seine Stärke, aber in Vokalen war er groß.

Als ich aus dem Bett stieg und dicht an ihm vorbeiging, um seine Schüsselchen wieder zu füllen, stellte ich fest, daß er keinen Versuch machte, mir aus dem Weg zu gehen. Er verdrückte sich auch nicht, als er mit seiner Mahlzeit fertig war. Er saß ein paar Augenblicke ruhig da, leckte sich und betrachtete die Dinge ringsumher. Dann trat er, langsam und gemessen, einen Rundgang durch die Wohnung an. Als er ins Schlafzimmer zurückging, folgte ich ihm. In der Ecke zwischen den beiden Fenstern blieb er stehen und blickte zu mir zurück. »Ajau«, gab er wieder von sich. Offenbar wollte er aufs Fensterbrett hinauf, um hinauszuschauen. Und ebenso offensichtlich war, daß er diesmal um Beistand ersuchte, obwohl ihm am Abend vorher dieser Sprung ohne jede Mithilfe – und mit fast fünfzig Stundenkilometern – gelungen war.

Ich ging hin und hob ihn auf. Er blickte sich zu mir um, als ich ihn anfaßte, tat aber sonst nichts. Einen Augenblick später setzte er seinen langsamen Rundgang fort, diesmal auf dem Fensterbrett. Er verbrachte einige Zeit damit, auf die Straße in den verschneiten Central Park zu schauen. Anschließend sprang er zum nächsten Fenster hinüber, das auf einen kleinen Balkon geht. Dieser nahm sein Interesse so stark in Anspruch, daß er sich hinlegte und einige Zeit liegenblieb, wobei sich sein Schwanz vor und rückwärts bewegte. Es lag auf der Hand, daß er Tauben gesehen hatte. Schließlich sprang er hinunter und ging ins Wohnzimmer zurück.

Wieder ging ich ihm nach, und zum erstenmal seit unserer Bekanntschaft streckte er sich in voller Länge aus. Dann drehte er sich auf den Rücken, steckte den Kopf halb unter eine Schulter und sah mich an, während sich der Schwanz wieder gemächlich hin und her bewegte. Katzen sprechen mit ihrem Schwanz, und noch nie hatte sich eine Katze deutlicher ausgedrückt. »Ich ziehe hier ein«, gab er zu verstehen, auf genau die Art, wie jemand, der gerade eine Wohnung gründlich besichtigt hat, einem Mietverhältnis zustimmen würde. Befriedigt ging ich wieder ins Bett.

Gegen acht Uhr klingelte das Telefon. Ich konnte nicht glauben, daß am Weihnachtsmorgen jemand imstande war, so früh anzurufen. Es war, wie ich mir hätte denken können, Sergeant Dwork. »Fröhliche Weihnachten«, sagte sie. »Wie geht's unserer Katze?« – »Gut geht's unserer Katze«, antwortete ich. »Ganz gut.« Ich bemühte mich, mir nicht anmerken zu lassen, daß ich, selbst in diesem Stadium meines Lebens mit dem Kater, dieses »unser« nicht recht angebracht fand. Das gelang mir anscheinend, denn Sergeant Dwork sprach begeistert weiter. »Ich habe eine wunderbare Neuigkeit«, sagte sie. »Eine Frau, die die Katze haben möchte.«

»Toll«, antwortete ich, allerdings ohne Begeisterung, was Sergeant Dwork gemerkt haben muß, denn sie fügte rasch hinzu: »Ich kenne sie, und sie wird ihr ein wunderbares Zuhause schaffen.«

Ich sagte, davon sei ich überzeugt. »Die Sache ist allerdings die«, fuhr Miss Dwork fort, »daß sie sie sofort haben will, als Weihnachtsgeschenk für ihre Tochter. Sie haben nämlich ihre eigene Katze verloren.«

Ich bemühte mich, wenn nicht Begeisterung, so doch einen gefaßten Ton aufzubieten. Wann sie kommen und den Kater ansehen könnten, fragte ich. Am Nachmittag?

»Aber nein.« Sergeant Dworks Stimme klang schokkiert. »Nicht erst am Nachmittag. Heute vormittag. Gleich jetzt. Sie ist bereits zu Ihnen unterwegs. Übrigens, sie heißt Mrs. Wills.«

»Moment«, bremste ich sie in strengem Ton. »Nicht so hastig.« Ich warf einen Blick auf die Stelle im Wohnzimmer, wo der Kater es sich gemütlich gemacht hatte. »Er ist so schmutzig«, sagte ich, »und es kommt mir ganz schrecklich vor, daß er wieder woanders hingebracht werden soll, wo er gerade anfängt –«

Doch Sergeant Dwork schnitt mir das Wort ab. »Unsinn«, sagte sie. »Je früher, desto besser. Wenn er sich bei Ihnen zu sehr eingewöhnt und Sie ihn zu liebgewinnen, dann wird es für Sie wie für ihn um so schwerer, wenn Sie ihn doch hergeben. Und bitte, Sie haben ja selbst gesagt, daß für Sie eine Katze auf Dauer ganz und gar nicht das Richtige wäre, weil Sie doch so oft fort sind und so.«

Was sie sagte, hatte natürlich Hand und Fuß, das mußte ich zugeben. »Okay«, lenkte ich ein. »Ich werde mit Mrs. Wills sprechen und Ihnen nachher am Telefon sagen, ob ihr die Katze gefällt.«

Doch als ich auflegte, brachte ich es nicht fertig, den Kater anzusehen, obwohl ich spürte, daß er zu mir herblickte. Ich wandte den Kopf ab und schaute zum Fenster hinaus.

Gleich darauf klingelte es. Mrs. Wills war da.

»Entschuldigen Sie, daß ich so früh komme«, sagte sie munter, während sie in jedem Wortsinn Einzug hielt. »Aber ich hätte ihn gern für –«

»Ich weiß«, sagte ich, »für Ihre Tochter als Weihnachtsgeschenk.« Ich drehte mich um und wollte auf den Kater zeigen. Aber von einem Kater war natürlich nichts zu sehen.

»Das ist komisch«, sagte ich vorsichtig. »Vor einer Sekunde war er noch da.« Ich blickte mich nervös um. Die Vorstellung einer zweiten Suchaktion wie der vom Abend vorher und unter den Augen von Mrs. Wills hatte den ganzen Reiz einer Betriebsprüfung durchs Finanzamt. Mrs. Wills ließ den Blick umherschweifen.

»Was ist denn hier passiert?« fragte sie. »Es sieht ja aus, als wäre hier eine Bombe hochgegangen. Hat der Kater ...?«

Ich hatte natürlich das Chaos in der Wohnung vollkommen vergessen. »Ach, der Kater«, wiederholte ich und versuchte, unbekümmert zu lachen. »O nein. Das war nicht der Kater. Mein Bruder hat das angerichtet. Er war nämlich gestern abend hier, und wir haben vergeblich nach einem Buch gesucht. Mein Bruder ist nämlich eine Leseratte.«

Mrs. Wills Augenbrauen hoben sich etwas, während sie den Inhalt des Einbauschranks im Wohnzimmer musterte, der noch auf dem Boden in der Diele verstreut lag. »Soooo«, sagte sie.

Ich fragte, ob ich ihr eine Tasse Kaffee holen solle. Sie schüttelte den Kopf.

Es blieb nichts anderes übrig, als den Tatsachen ins Gesicht zu sehen. »Komm hierher, mein Junge«, rief ich kühn. Ich kam mir dabei nicht nur idiotisch vor, sondern wußte auch sehr genau, daß es ganz unwahrscheinlich war, er würde einen solchen Ruf zur Kenntnis nehmen, geschweige denn ihm Folge leisten, zumal wenn eine fremde Person anwesend war. Trotzdem ging ich im Zimmer umher und wiederholte meinen Ruf, während ich so tat, als rückte ich Dinge zurecht, in Wahrheit aber verstohlen nach dem Kater Ausschau hielt. Schließlich – Mrs. Wills hatte gerade begonnen, bedeutungsvoll mit einem Fuß auf den Boden zu klopfen – manövrierte ich mich in die Position, die ich von vornherein angepeilt hatte, das heißt, ich tat so, als wollte ich den kleinen Teppich neben dem Sofa glätten, linste aber in Wirklichkeit unter das Sitzmöbel. Und siehe da, ganz hinten an der Wand kauerte der Kater. »Sieh an!« rief ich und ließ mich auf Hände und Knie nieder. »Da ist er ja! An seinem Lieblingsplätzchen!«

Zögernd kniete sich Mrs. Wills neben mich. »Ich sehe überhaupt nichts«, sagte sie vorwurfsvoll. Ich sagte, ich wolle eine Taschenlampe holen.

Als ich zurückkam und der Strahl der Lampe auf den Kater fiel, glühten seine Augen auf. Im übrigen aber wirkte er wie eine in die Enge getriebene Hyäne. »Oh«, sagte Mrs. Wills. »Oje! Wie wild er aussieht.«

»Ach, machen Sie sich darüber keine Gedanken«, beruhigte ich sie. »Er ist nur ein bißchen überrascht.«

»Und wie schmutzig er ist«, fuhr sie fort. »Nun ja«, antwortete ich gemessen, »vergessen Sie nicht, er hat ja bis jetzt auf der Straße gelebt. Er ist im Handumdrehen sauber zu bekommen.«

Doch die Inspektion war noch nicht abgeschlossen. »Warum kauert er denn so schief?« wollte Mrs. Wills wissen. »Ist was mit ihm nicht in Ordnung?«

»Ach, das ist nichts Besonderes. Manchmal steht er sogar so da. Es läßt sich bestimmt beheben. Und bedenken Sie auch, daß er nervös ist, weil wir beide ihn so anschauen.«

Doch Mrs. Wills war mittlerweile argwöhnisch geworden. »Irgend etwas ist mit seinem Maul verkehrt«, konstatierte sie.

»Er hat eine Schnittwunde«, antwortete ich. »Eine ganz kleine. Wirklich nur winzig, die Wunde.«

Sie rappelte sich hoch und ging zu ihrem Sessel zurück. »Ach Gott«, sagte sie wie in einem Selbstgespräch. »Ich weiß nicht recht. Jetzt, da ich ihn gesehen habe, bin ich mir nicht mehr so sicher. Einen Versuch könnte ich wohl machen. Aber Jennifer ist ja noch so klein, und diese Katze wird sicher schrecklich viel Arbeit geben.«

Ich sagte, ich nähme nicht an, daß es so schlimm wäre, und machte ihr einen Vorschlag. Was würde sie dazu sagen, fragte ich sie, wenn sie es mir überließe, das Tier zu säubern und zu beruhigen, und dann ihre Entscheidung träfe? Ich stellte mir mindestens ein paar Tage dafür vor.

Die Idee gefiel ihr – nicht aber die Zeitdauer. Es mußte offenbar unbedingt eine Weihnachtskatze sein. Sie blickte auf ihre Armbanduhr. »Ich komme nach dem Gottesdienst wieder und lasse inzwischen den Katzenkoffer da.«

So, dachte ich, das war's. Zumindest hatte ich mich um das bemüht, was auf lange Sicht das beste für den Kater war. Jedenfalls blieb nun – erster Weihnachtsfeiertag hin oder her – nichts anderes übrig, als das Tier zu säubern. Ich ging ins Badezimmer, um Seife und Waschlappen, über die ich warmes Wasser laufen ließ, und außerdem eine Badematte zu holen.

Als ich ins Wohnzimmer zurückkam, war der Kater nicht mehr unter dem Sofa. Er lag wieder in der Zimmermitte auf dem Boden, genau dort, wo er vor Mrs. Wills' Auftritt gelegen hatte. Ich hatte den Eindruck, daß er genau begiff, was es mit der Matte, dem Badetuch und all den übrigen Utensilien auf sich hatte, daß er genau wußte, was ich im Schilde führte. Zugleich aber schien er einfach nicht glauben zu wollen, daß ich zu etwas Derartigem imstande wäre. Sein Schwanz vollführte ein ungläubiges Klappklapp. »Eine Katze waschen!« rief er. Er fand offensichtlich, daß sogar jemand wie ich, mochte ich als Katzenliebhaber auch noch so unerfahren sein, doch mit den Selbstverständlichkeiten vertraut sein müßte – und was konnte selbstverständlicher sein als das schlichte Faktum, daß das Waschen nicht meine, sondern seine eigene Aufgabe war?

Er stellte sich auf die Pfoten und schaute zu mir hoch. Ich schaute zu ihm hinunter. Wir blickten einander gewissermaßen in die Augen, ich aus 1,80 und er aus 0,15 Meter Höhe. Und wie bei allen solchen Konfrontationen sollte es auch hier darum gehen, wer als erster blinzelte. Ich, so hatte ich mir bereits geschworen, würde das auf keinen Fall sein.

Und ärgerlich blieb ich meinem Vorsatz treu. Zugegeben, manche Nörgler könnten bemängeln, daß ich mich nicht sofort ans Werk machte. Sie könnten sogar argumentieren, daß ich ein kleines bißchen geblinzelt hätte. Aber es wäre völlig verkehrt und mir gegenüber äußerst unfair, es aufzubauschen. In Tat und Wahrheit geschah folgendes: Im selben Augenblick, als ich mit der Säuberung beginnen wollte und das Klappklapp des Katzenschwanzes noch unheilverkündender wurde, kam mir plötzlich und ganz aus eigenem Antrieb – es hatte nichts damit zu tun, daß der Kater einen Buckel zu machen begann und die Ohren anlegte – die Idee, daß ich möglicherweise nicht genug über das Waschen von Katzen wisse und Autoritäten zu Rate ziehen sollte.

Eilends legte ich die Waschutensilien beiseite und trat zum Bücherregal, wo ein ganzes Fach mit Katzenliteratur angefüllt war. Wie die übrigen Bücher befanden sich auch diese nun in einem Zustand trauriger Unordnung. Zudem suchte ich nach etwas ganz Speziellem – nicht nach Auskünften über Katzen im allgemeinen, sondern über das Waschen von Katzen. In den verschiedenen Büchern standen viele Hinweise zu dem Thema, aber es fanden sich auch, wie es bei heiklen Fragen oft vorkommt, viele unterschiedliche Meinungen oder, um es genau zu sagen, zwei einander diametral gegenüberstehende Denkschulen. Die eine der beiden vertrat die Auffassung, man solle eine Katze nie, unter keinen Umständen, waschen. Katzen, so diese Theorie, besorgten das nicht nur lieber selbst, sondern seien darin auch viel besser als irgendein Mensch, und außerdem könnte es leicht vorkommen, daß ihnen Seife in die Augen oder ins Fell geriete, was für sie möglicherweise sehr schlimme Folgen hätte. Die andere Schule hingegen vertrat den Standpunkt, es sei durchaus in Ordnung, wenn man seine Katze wäscht. Ja, wenn man es unterließe, könnten ihr alle möglichen unguten Dinge zustoßen.

Angesichts der gegebenen Situation und nach Abwägung sämtlicher Faktoren beschloß ich, mich an die Theorie II zu halten, und ging die Bücher durch, bis ich eines fand, schlicht »Du und deine Katze« betitelt, das mir als das maßbeglichste auf diesem Gebiet erschien. Geschrieben hatte es ein englischer Tierarzt, David Taylor, und frohgemut begann ich zu lesen.

> Das beste »Bad« dürfte das Spülbecken in der Küche abgeben. Ehe Sie sich an die Arbeit machen, vergewissern Sie sich, daß sämtliche Türen und Fenster geschlossen sind und der Raum frei von kalter Zugluft ist. Legen Sie eine Gummimatte ins Spülbecken, damit die Katze nicht ausrutscht.

So weit, so gut, befand ich. Doch der folgende Absatz hatte es in sich:

> Wenn Sie annehmen, Ihre Katze wird sich sträuben, stecken Sie sie in ein Leinwandsäckchen, so daß nur der Kopf herausschaut. Schütten Sie das Shampoo in das Säckchen, und senken Sie dieses zusammen mit der Katze ins Wasser. Dann können Sie die Katze durch den Stoff massieren und Schaum erzeugen.

Die Katze in einen Sack stecken! Vielleicht, dachte ich, brächte das mein Bruder mit seinem Regiment fertig, aber daß ich allein es schaffen könnte, war höchst zweifelhaft. Zwar verhielt sich der Kater an diesem Vormittag ruhig, doch in Erinnerung an das Getobe vom Vorabend und angesichts dessen, daß ich selbst keine amphibische Kampfausbildung durchgemacht hatte, sah ich voraus, daß es zu einem Desaster à la Gallipoli oder zumindest Dünkirchen kommen könnte.

Doch nichts konnte Dr. Taylors wäßrige Offensive aufhalten.

Lassen Sie in das Spülbecken fünf bis zehn Zentimeter hoch warmes Wasser einlaufen. Die Wassertemperatur sollte der Körpertemperatur Ihrer Katze, achtunddreißig Grad, möglichst nahekommen. Um die Katze hineinzuheben, schieben Sie eine Hand unter ihr Hinterteil, während Sie sie mit der andern am Genick packen. Wenn Ihre Katze es lieber hat, erlauben Sie ihr, daß sie die Vorderpfoten aus dem Wasser heraushält.

Ich war mir sicher, daß die Katze, um die es hier ging, dies nicht nur lieber hätte, sondern daß sie auch die erste Gelegenheit ergreifen würde, mit ebendiesen Pfoten auf denjenigen loszugehen, der sich zu solchen Waschungen erdreistete. Jedenfalls ich hatte genug. Ich stellte das Buch wieder an seinen Platz, ging zu dem Kater zurück und breitete mit all der Autorität, die mir zu Gebote stand, die Matte neben ihm auf dem Boden aus.

Zu meiner Verblüffung stellte er sich prompt darauf. Obwohl ich vorsichtshalber aufrecht stehengeblieben war, um mich notfalls rasch zurückziehen zu können, erkannte ich rasch, daß ich ihn falsch eingeschätzt hatte. Wenn ich so dumm sein wollte, die Arbeit eines anderen – das hieß, seine – zu machen, dann bitte sehr.

Ich konnte ihm nicht länger widerstehen. Ich kniete mich neben ihm nieder, nahm ihn in die Arme und drückte ihn so lange an mich, daß er ein leises und überrascht klingendes »Ajau« von sich gab, im übrigen aber nichts tat. Ich bin überzeugt, daß er seit langer Zeit – wenn nicht überhaupt – zum erstenmal von einem Menschen in die Arme genommen wurde oder sonst einen Beweis von Zärtlichkeit erhalten hatte. Dann begann ich mit seiner Säuberung, und ohne einen Laut, ohne einen einzigen Versuch, sich mir zu entziehen, ließ er sich von mir abwaschen – was ich zuerst behutsam und dann, während ich mich buchstäblich durch Schichten von Schmutz arbeitete, fester und fester tat.

Nach geraumer Zeit und nach etlichen Gängen ins Badezimmer, wo ich die Waschlappen sauber spülte, hatte ich sein Fell so weit abgeschrubbt, daß ich eine verblüffende Entdeckung machte: Unter all dem Dreck war er weder gelbbraun noch grau, sondern – weiß.

Ich konnte meine Begeisterung nicht verbergen, worauf der nun einigermaßen saubere Schwanz sich zum erstenmal während der ganzen Prozedur regte. »Was für eine Farbe hast du denn erwartet?« wollte er wissen. »Purpurrot?« – »Aber du warst so *schmutzig*!« protestierte ich. »Weiß hätte ich auf keinen Fall erwartet.«

Als ich ihn in einen leidlich präsentablen Zustand gebracht und mit dem Badetuch trockengerieben hatte, stand ich auf und nahm ihn in Augenschein. Mit seinen grünen Augen im Verein mit dem nun relativ sauberen weißen Gesicht sah er zum erstenmal schön aus. Ja, ich fand ihn in diesem Augenblick so schön, daß mich der Drang überkam, ihn einfach anzuschauen. Ich wußte, daß es den meisten Tieren nicht behagt, wenn sie angestarrt werden, und daß sie, wenn ein Mensch sie anstarrt, meist wegblicken. Er aber sah nicht weg, sondern erwiderte meinen Blick unverwandt. Noch einmal bückte ich mich und drückte ihn an mich.

Es klingelte wieder, und draußen stand natürlich Mrs. Wills. Doch als ich sie ins Wohnzimmer führte, hatte sich der Kater wieder an seinen Zufluchtsort zurückgezogen.

Ich reichte Mrs. Wills die Taschenlampe. Inzwischen war sie schon daran gewöhnt, daß seine Inaugenscheinnahme verlangte, sich auf Hände und Knie niederzulassen. Sie knipste die Taschenlampe an und steckte entschlossen den Kopf unters Sofa. »Mein Gott«, rief sie gleich darauf, »er ist ja weiß!« Ihr Gesicht wandte sich mir mit einem mißtrauischen Ausdruck an. »Sind Sie sicher«, fragte sie, »daß das derselbe Kater ist?« Ich versicherte es ihr und deutete zum Beweis auf den Haufen der Waschlappen und Handtücher, der auf der Herdplatte in der Küche lag. »Nicht zu glauben«, sagte sie.

»Es war gar nicht weiter schlimm«, sagte ich mit einem Achselzucken. »Man muß sich nur auskennen und ausdauernd sein. Aber Sie hatten recht, Mrs. Wills. Weiße Katzen machen wirklich eine Heidenarbeit.«

Mrs. Wills achtete nicht auf mich. Statt dessen war sie ganz damit beschäftigt, unter dem Sofa einen Kontakt herzustellen. »Komm her, kleines Miezekätzchen«, rief sie. Wieder und wieder lockte sie – ja, sie rief jeden Namen bis auf Schnutzelchen. Natürlich blieb alles wirkungslos. Sie streckte die Hand aus. Der Kater rückte weiter weg. Dieses stilisierte »Duett« ging einige Zeit so. Dann rappelte sich Mrs. Wills hoch und setzte sich in einen Sessel. Ich registrierte, daß sie einen wählte, der dem Sofa gegenüberstand. Ich nahm neben ihr Platz.

»In meinem ganzen Leben ist es mir noch nie passiert, daß ein Tier so auf ich reagiert«, sagte sie. »Zumindest auf halbem Weg sind sie mir immer entgegengekommen. Ich hab mich bisher mit Tieren immer gut vertragen.«

Ich sagte zu ihr, das sei ja das Problem. Er glaube, sie wolle ihn forttragen. Mrs. Wills ignorierte mein schlechtes Wortspiel. »Ich habe noch nie ein Tier gesehen, das dermaßen scheu war.«

Ich hätte einmal einen Lehrer gehabt, gab ich zum besten, der uns gesagt habe, es gebe nichts Trügerisches als Schüchternheit und Scheu. Schüchterne Menschen fielen oft nur ihrer Einbildung zum Opfer: Sie glaubten, alle Leute blickten auf sie, dabei sei dies natürlich gar nicht der Fall.

Mrs. Wills sah mich jetzt an, als hätte ich zwei Köpfe. Aber die Katze beschäftigte sie noch immer. »Sie ist so hübsch«, sagte sie. »Jennifer würde sie sicher ins Herz schließen.«

Es war an der Zeit, sämtliche Register zu ziehen. Natürlich sagte ich, sei es möglich, daß es sich nicht nur um Scheu handle – genau könne man das nie sagen. Eventuell aber sei es etwas anderes. Ich gab ihr zu bedenken, daß weiße Katzen schließlich Albinos und deswegen vielfach taub seien.

»Taub!« rief sie. »Wollen Sie damit sagen, daß er mich vielleicht nicht hören kann?«

Ich sagte ihr, das sei durchaus denkbar.

Zum erstenmal wirkte Mrs. Wills unschlüssig. »Ich weiß eigentlich nicht viel über weiße Katzen«, gestand sie.

Ich stieß rasch nach.

»Aber es geht nicht nur um die Taubheit«, sagte ich, »sondern auch um die Probleme mit der Haut. Weiße Katzen können nämlich schreckliche Schwierigkeiten mit ihrer Haut bekommen.«

Jetzt war ihr sichtlich unbehaglich zumute. »Nun ja«, fuhr ich erbarmungslos fort, »die Sache ist sicher nicht ansteckend. Wie alt ist Ihre Jennifer?«

»Zehn«, antwortete sie besorgt.

»Sie könnte vielleicht Handschuhe anziehen«, regte ich an. »Hautprobleme können eine Katze natürlich irritieren und bösartig machen. Zum Glück ist der Kater ja nicht sehr groß. Aber wütend kann er zweifellos werden.« Ich deutete auf die Kratzer an meinem Gesicht und Hals. »Er hat mich ordentlich zugerichtet, aber zum Glück wenigstens meine Augen nicht erwischt. Trägt Jennifer eine Brille?«

Mrs. Wills' Augen blickten mich jetzt starr an. »Es war natürlich nicht der Rede wert«, sagte ich, »und Ruth Dwork hat das Blut rasch gestillt.« Nach einer Pause fuhr ich fort: »Trotzdem finde ich, es wäre nicht ratsam, Jennifer mit ihm allein zu lassen, zumindest am Anfang.«

Mrs. Wills' Blick wanderte zur hintersten Ecke unter dem Sofa. »Aber«, sprach ich weiter, »er wird ja zunächst ohnehin mehrere Monate lang meistens beim Tierarzt sein. Sie hatten ganz recht, mit seiner schiefen Haltung. Er braucht mindestens *eine* Operation, das ist klar.«

Mrs. Wills schwieg lange Zeit. Dann breitete sich langsam ein Lächeln auf ihrem Gesicht aus. »Mr. Amory«, fragte sie, »haben Sie vor, den Kater selbst zu behalten?«

Nun war es an mir zu lächeln. »Aber, Mrs. Wills«, sagte ich, »wie kommen Sie denn auf diese Idee?«

Sie erhob sich und nahm den Katzenkoffer. »Das sagt mir mein kleiner Finger«, antwortete sie. Ich wollte mich dafür entschuldigen, daß sie sich zweimal die Mühe hatte machen müssen, in meine Wohnung zu kommen. »Lassen Sie's gut sein«, sagte sie. »Und rufen Sie Ruth Dwork nicht an. Ich möchte mir nicht den Spaß entgehen lassen, ihr selbst zu erzählen, wie sich alles abgespielt hat.« Sie legte eine letzte Pause ein. »Ich wünsche Ihnen mit Ihrem Kater alles Glück auf der Welt.« Sie lächelte maliziös und versetzte mir einen letzten Stich. »Nach dem zu schließen, was Sie mir über ihn erzählt haben«, sagte sie, »werden Sie es gebrauchen können. Schöne Weihnachten.«

# Mary E. Wilkins Freeman
## Die Katze

Der Schnee fiel. Das Fell der Katze war hart und steif davon; aber sie blieb unbeeindruckt. Seit Stunden kauerte sie vor dem Loch im Boden, bereit zum todbringenden Sprung. Es war Nacht, doch diesem Umstand maß sie keine Bedeutung zu: Wenn sie auf eine Beute lauerte, war eine Tageszeit für sie so gut wie die andere. Sie lebte in diesem Winter allein, keinem menschlichen Willen untertan. Nirgends auf der Welt rief eine Stimme nach ihr, an keinem Herd wartete eine Mahlzeit auf sie. Sie war völlig frei, abgesehen natürlich von ihren eigenen Wünschen und Bedürfnissen, die sie beherrschten, wenn sie so unbefriedigt war wie jetzt – sie war nämlich sehr hungrig, um nicht zu sagen, völlig ausgehungert! Seit Tagen war es bitterkalt, so daß sich alle die kleineren wildlebenden Tiere, die normalerweise ihre Beute waren, in ihrem Bau oder im Nest aufhielten. So hatte die Katze, obwohl sie Tag für Tag lange unterwegs war, nichts fangen können. Hier wartete sie nun mit der über alle Begriffe zähen Ausdauer und Geduld ihrer Art; diesmal war sie ihrer Sache sicher. Sie war ein Geschöpf von großer Selbstsicherheit, und niemals war ihr Vertrauen getäuscht worden, wenn sie einmal von etwas überzeugt gewesen war.

Ein Kaninchen war an dieser Stelle in das Loch geschlüpft, zwischen den lose hängenden Fichtenzweigen hindurch. Inzwischen hatte dieser kleine Torweg einen dichten Schneevorhang bekommen, aber drinnen war es. Die Katze hatte es hineinhuschen sehen wie einen flüchtigen grauen Schatten, den nur ihre scharfen und geübten Augen als Lebewesen erkannt hatten; wie weggeweht war es verschwunden. So setzte sie sich nieder und wartete und wartete still in der weißen Nacht, ärgerlich nach dem Nordwind horchend, der sich in den oberen Höhen der Berge mit entferntem Heulen aufmachte, dann zu einem schrecklichen Crescendo der Wut anschwoll und herunterbrauste, dicke Schwaden von Schnee wie eine Wolke grimmiger Vögel in die Täler und Schluchten jagend. Die Katze befand sich an der Flanke eines Berges auf einem bewaldeten Plateau. Wenige Meter über ihr stieg die Felswand so jäh auf wie die Mauer einer Kathedrale. Die Katze hatte den Berg nie bestiegen – Bäume waren die Führer zu den Höhen ihres Lebens. Oft hatte sie die Felswand mit Verwunderung betrachtet und bitter und grollend miaut, wie man es tut gegenüber Dingen, die uns von der Vorsehung versagt sind. Zu ihrer Linken war der steile Abgrund. Hinter ihr war der gefrorene senkrechte Fall eines vom Berge kommenden Flusses, mit einem schmalen bewaldeten Streifen dazwischen. Vor ihr war der Weg zu ihrem Zuhause. Sobald das Kaninchen herauskam, sollte es gefangen werden; seine kleinen gespaltenen Füße konnten solche ungebrochenen Stufen nicht erklettern. Also wartete die Katze. Der Platz, an dem sie sich befand, sah aus, als wäre ein Malstrom darüber hinweggetobt. Verkrüppelte, ineinander verschlungene Bäume und Büsche krochen die Flanke des Berges empor, sich mühselig anklammernd. Krumm, abenteuerlich verrenkt, umarmten ihre Zweige krampfhaft alles, das einen Anhalt bot. Das Ganze wirkte seltsam und pittoresk, als wäre es vor Menschenaltern von einem Strom rasenden Wassers durcheinandergewirbelt worden. Nur daß es nicht Wasser, sondern der Sturm gewesen war, der alles zu diesem Wirrwarr verschlungen und verknotet hatte. Und jetzt breitete sich der Schnee über all dies Unentwirrbare, über Pflanzen, Gestein, abgestorbene Äste und Ranken. Wie Rauch wehte es herunter vom Kamm des Berges; es stand wie eine kreisende Säule, als erschiene etwas wie ein Geist im Totentanz der Natur über der Ebene, dann stürzte es sich über den Rand des Abgrundes hinab. Die Katze kauerte vor diesem wilden Unentrinnbaren dicht am Boden und baute auf diesen Umstand. Es war, als ob Eisnadeln ihre Haut durchstächen, durch ihr wundervoll dichtes Fell hindurch; doch sie wich und wankte nicht und klagte nicht. Sie konnte durch Schreien nichts gewinnen, aber alles verlieren; denn das Kaninchen würde sie ja schreien hören und dann wissen, daß sie hier wartete. Dunkler und dunkler wurde es, seltsamer weißer Qualm wogte auf, trotz der natürlichen Schwärze der Nacht, einer Nacht voll Sturm und Tod. Die Berge waren alle verborgen, eingehüllt, furchteinflößend, selbst überwältigt von dem Orkan. Jedoch mitten in dem Inferno wartete, völlig unbesiegt, diese verkörperte, unbeirrbare lebendige Geduld und Kraft unter einem dünnen Panzerhemd von grauem Fell.

Ein heftiger Windstoß fuhr über den Felsen, blies einen gewaltigen Wirbel über das Plateau, stürzte in den Abgrund.

Dann sah die Katze zwei Augen, leuchtend vor

Schrecken, wie irr im Impuls zur Flucht. Sie sah eine winzige, zitternde, hervorschnuppernde Nase, sah zwei aufgestellte Ohren, und sie wartete noch, alle empfindlichen Nerven und Muskeln gespannt wie Drähte.

Jetzt kam das Kaninchen heraus – es war nur ein Hauch von Flucht und Angst –, und die Katze hatte es.

Hierauf lief die Katze nach Hause, die Beute durch den Schnee schleifend.

Die Katze lebte in dem Haus, das ihr Herr gebaut hatte, so roh wie das Blockhaus eines Kindes; aber es war zuverlässig. Der Schnee lag schwer auf der niedrigen Schräge seines Daches, konnte sich aber nicht darunter festsetzen. Die beiden Fenster und die Tür waren verriegelt; dessenungeachtet wußte die Katze, wie sie hineinkommen konnte. Sie kletterte auf eine Fichte hinter dem Haus, obwohl das schwierig war mit dem schweren Kaninchen, und schlüpfte durch ein kleines Loch unter der Dachrinne; dann glitt sie über eine Leiter in das Zimmer darunter und sprang mit einem lauten Triumphschrei auf ihres Herrn Bett. Aber ihr Herr war nicht da. Er war im frühen Herbst weggegangen, und jetzt war es Februar. Vor dem Frühjahr würde er nicht zurückkommen. Er war ein alter Mann; die grausame Kälte des Gebirges setzte ihm zu sehr zu. Daher hatte er den Winter über in einer Siedlung Zuflucht gesucht. Die Katze wußte seit langem, daß ihr Herr fort war; aber ihr Verstand folgerte immer, daß Gewesenes wieder sein konnte. Obendrein hatte sie die wunderbare Kraft, warten zu können. So kam sie stets nach Hause in der Erwartung, ihren Herrn wiederzufinden.

Als sie sah, daß er noch nicht zurückgekehrt war, schleppte sie das Kaninchen auf das grob gezimmerte

Lager, das das Bett darstellte, hielt mit einer Pfote den Kadaver fest und fing an zu fressen, den Kopf seitlich haltend, um ihre kräftigen Zähne zur Anwendung zu bringen.

Im Hause war es dunkler als im Walde draußen, und die Kälte war genauso tödlich, wenn auch nicht ganz so beißend. Hätte die Katze ihr dickes Fell nicht ohne besondere Bitte von der Vorsehung erhalten, so hätte sie Dankbarkeit gefühlt, es zu besitzen. Es war fleckig grau mit etwas Weiß an Brust und Füßen und so dick, wie ein Pelz nur sein kann.

Der Wind peitschte den Schnee mit solcher Gewalt gegen die Fenster, daß es knatterte wie Hagel. Das Haus erzitterte vom Sturm. Dann vernahm die Katze plötzlich ein Geräusch. Sie hörte auf, an dem Kaninchen zu fressen, und lauschte, die leuchtenden grünen Augen auf ein Fenster gerichtet. Sie vernahm einen heiseren Aufschrei, einen Laut voll Verzweiflung und Flehen; aber sie wußte, daß es nicht ihr Herr war, der heimkam, und sie wartete, eine Pfote noch auf dem Kaninchen. Als der Schrei sich wiederholte, antwortete die Katze. Sie sagte alles, was wesentlich war, ganz ehrlich nach ihren eigenen Begriffen. In ihrem Antwortruf war Frage, Auskunft, Warnung, Schrecken; und endlich das Angebot der Kameradschaft; jedoch der Mann draußen konnte es wegen des heulenden Sturmes nicht hören. Dann gab es einen lauten Stoß an der Tür, noch einen und noch einen. Die Katze zog ihr Kaninchen unter das Bett. Die Stöße folgten schneller und fester. Es war ein schwacher Arm, der sie tat; aber er wurde von Verzweiflung getrieben. Endlich gab das Schloß nach, und der Fremde kam herein. Die Katze blickte unter dem Bett hervor, blinzelte mit einem plötzlichen Aufleuchten, und ihre grünen Augen verengten sich. Der Fremde zündete ein Streichholz an und sah sich um. Die Katze erblickte ein Gesicht, das blau und verwüstet war vor Hunger und Kälte, und einen Mann, der ärmer und älter aussah als ihr armer alter Herr, einen Mann, den die Menschen verstoßen hatten wegen seiner Armut und wegen trüber Geheimnisse in seiner Vergangenheit. Sie hörte einen gemurmelten, unverständlichen schmerzlichen Laut aus der rauhen Kehle. Beides lag darin, Gottlosigkeit und Gebet. Aber davon verstand die Katze nichts.

Der Fremde befestigte die Tür, die er aufgebrochen hatte, nahm etwas Holz vom Vorrat im Winkel und zündete ein Feuer an in dem alten Ofen, so schnell er es mit seinen halberfrorenen Händen zustande brachte. Er zitterte so bemitleidenswürdig, während er arbeitete, daß die Katze unter dem Bett die Erschütterung fühlte. Dann setzte sich der Mann in einen der alten Stühle und kauerte sich an das Feuer, als wäre es die einzige Liebe und der einzige Wunsch seiner Seele. Seine gelben Hände hielt er darüber wie gelbe Klauen. Er war klein und schwach und gezeichnet mit den Schrecken des Leidens, die er über sich gebracht hatte. Er stöhnte. Die Katze kam unter dem Bett hervor und sprang auf seinen Schoß mit dem Kaninchen im Maul. Der Mann schrie auf. Er war zutiefst erschrocken; er sprang auf, die Katze glitt auf den Boden, das Kaninchen hatte sie fallen lassen. Der Mann lehnte sich an die Wand, keuchend vor Angst, geisterhaft bleich. Die Katze packte das Kaninchen beim Nackenfell und legte es dem Mann vor die Füße. Dann stieß sie ihren schrillen Schrei aus und wölbte den Rücken; ihr Schwanz war wie eine prachtvoll wehende Feder. Sie strich an den Füßen des Mannes entlang, die aus den abgenutzten Schuhen hervorlugten.

Der Mann schob die Katze weg, ziemlich sanft, und durchsuchte die ganze Hütte. Er kletterte sogar die Leiter zum Speicher empor, riß ein Streichholz an und spähte angestrengt in die Dunkelheit. Er fürchtete, daß irgendwo ein Mensch verborgen wäre, weil eine Katze da war. Seine Erfahrungen mit Menschen waren nicht angenehm gewesen, genausowenig wie die Erfahrungen der Menschen mit ihm. Er war ein alter Wanderer, hatte das Glück gehabt, auf die Hütte eines Genossen zu stoßen, und war nun heilfroh, daß dieser Genosse nicht zu Hause war. Er ging zu der Katze zurück, bückte sich mit steifen Gliedern und streichelte ihren Buckel, den sie gewölbt hatte wie einen Bogen.

Dann nahm er das Kaninchen auf und betrachtete es im Licht des Feuers. Seine Kinnbacken arbeiteten, als hätte er es am liebsten roh verschlungen. Er suchte überall – die Katze folgte ihm auf Schritt und Tritt –, kramte auf einigen roh zubehauenen Regalen und einem Tisch und fand mit einem zufriedenen Grunzen eine mit Petroleum gefüllte Lampe. Er zündete sie an. Dann fand er auch eine Bratpfanne und ein Messer. Er streifte das Kaninchen und machte es zurecht. Die Katze strich unentwegt um seine Füße.

Als der Duft des Bratens durch die Hütte zog, sahen sie beide, der Mann und die Katze, geradezu wölfisch gierig aus. Der Mann wendete den Braten mit der einen Hand und bückte sich, um mit der anderen die Katze zu streicheln. Sie liebte ihn von ganzem Herzen, obwohl sie ihn erst so kurze Zeit kannte und obwohl der Mann ein Gesicht hatte, mitleiderregend und verschlagen zugleich, im Widerspruch stehend mit dem Besten aller Dinge. Das mürrische Grau des Alters hatte es gezeichnet, die Wangen waren vom Fieber ausgehöhlt, in den trüben Augen stand die Erinnerung an böse Dinge; jedoch die Katze erkannte den Mann ohne Vorbehalt an und liebte ihn. Als das Kaninchen halb gar war, war weder der Mann noch die Katze imstande, länger zu warten. Der Mann nahm den Braten vom Feuer, teilte ihn genau in zwei gleich große Stücke, gab der Katze das eine und nahm selbst das andere. Dann aßen sie. Danach blies der Mann das Licht aus, rief die Katze zu sich, zog die zerlumpten Decken hoch und schlief ein mit der Katze an der Brust.

Während des ganzen restlichen Winters war der Mann der Gast der Katze, und der Winter im Gebirge ist lang. Der rechtmäßige Besitzer der kleinen Hütte kehrte nicht vor Mai zurück. In dieser ganzen Zeit mühte sich die Katze schwer ab und wurde selbst ziemlich mager; denn sie teilte alles mit ihrem Gast, ausgenommen die Mäuse, die sie fing. Zuweilen war die Ausbeute kärglich; und die Frucht der Geduld von Tagen reichte kaum für zwei. Der Mann war krank und schwach und nicht imstande, viel zu essen, was ein rechtes Glück war, da er nicht selbst auf die Jagd gehen konnte. Den ganzen Tag lag er auf dem Bett, oder er saß über das Feuer gebückt. Es war eine gute Sache, daß das Brennholz wegnahmebereit dalag, keinen Steinwurf weit vom Haus entfernt; er brauchte es lediglich heranzuholen.

Die Katze versorgte ihn unermüdlich. Manchmal blieb sie tagelang weg; anfangs war der Mann ängstlich, weil er fürchtete, sie würde überhaupt nicht zurückkehren; aber dann hörte er den gewohnten Schrei, stolperte auf die Füße und ließ sie herein. Dann aßen die beiden zusammen, teilten immer zu gleichen Teilen; die Katze blieb im Hause und schnurrte und schlief in den Armen des Mannes.

Als der Frühling nahte, wurde die Jagd ergiebiger. Mehr Kleinwild ließ sich verlocken, aus dem Versteck zu kommen, sowohl auf der Suche nach Liebe als auch nach Nahrung. Eines Tages hatte die Katze besonderes Glück: Sie fing ein Kaninchen, ein Rebhuhn und eine Maus. Sie konnte gar nicht alles zugleich tragen; aber endlich hatte sie doch alles beisammen vor der Haustür. Sie schrie wie gewöhnlich; aber niemand antwortete. Alle Bergflüsse waren jetzt vom Eis befreit, und die Luft war voll vom Brausen vieler Wasser, gelegentlich übertönt vom Vogelgezwitscher. Die Bäume rauschten mit einem ganz neuen Laut im Frühlingswind. Da war ein Blütenmeer von Rosa und Goldgrün an der Wand eines entfernten Berges, durch eine Waldlichtung hindurch konnte man es sehen. Die Spitzen der Sträucher waren geschwollen und glänzend rot, und hier und da leuchtete schon eine Blüte; jedoch die Katze hatte keinen Sinn für Blumen. Sie stand neben ihrer Beute vor der Haustür und schrie und schrie, mit ihrem beharrlichen Ausdruck von Triumph, Klage und Rechtfertigung. Niemand kam, um sie einzulassen. Da ließ sie ihre Schätze vor der Tür liegen, lief ums Haus herum nach hinten zu der Fichte, kletterte mit Hast die Zweige hinauf, stieg durch das kleine Loch im Haus hinein und rannte über die Leiter in das Zimmer hinunter – es war leer, der Mann war fort!

Die Katze schrie wieder, die Klage des Tieres nach menschlicher Gesellschaft, die einer der traurigsten Laute in der Welt ist. Sie suchte in allen Winkeln. Sie sprang auf den Stuhl am Fenster und blickte hinaus; aber niemand kam. Der Mann war weggegangen, er kam niemals wieder.

Die Katze fraß ihre Maus auf dem Rasen neben dem Haus. Das Kaninchen und das Rebhuhn schaffte sie mit großer Mühe hinein. Allein, der Mann kam nicht, ihre Beute mit ihr zu teilen. Endlich, im Verlauf von ein oder zwei Tagen, fraß sie die Tiere allein, dann schlief sie lange Zeit auf dem Bett, und als sie erwachte, war der Mann immer noch nicht da.

Hierauf ging die Katze wieder fort zu ihren Jagdgründen und kam abends mit einem Vogel nach Hause. In ihrer unerschütterlichen Zuversicht nahm sie an, daß der Mann jetzt dasein würde, und da war tatsächlich ein Licht im Fenster. Als sie schrie, öffnete ihr erster Herr und ließ sie herein. Dieser Mann hielt gute Kameradschaft mit ihr; aber er hatte keine Zärtlichkeit für sie. Er streichelte sie nie wie jener andere, soviel sanftere Ausgestoßene; aber er war stolz auf sie und trug, wenn er da war, Sorge für ihr Wohlergehen, obwohl er sie ohne Skrupel den ganzen Winter sich selbst überlassen hatte. Er hatte keine Angst, daß ihr ein Mißgeschick zugestoßen sein könnte, weil sie so groß und kräftig war und ein so mächtiger Jäger. Als er sie daher vor der Tür erblickte in der Pracht ihres herrlichen Fells, mit dem Weiß an der Brust und im Gesicht, das strahlte wie Schnee in der Sonne, leuchtete sein Gesicht in freudigem Willkommensgruß auf, und die Katze umstrich seine Füße mit ihrem vor glücklichem Schnurren bebenden Körper.

Die Katze konnte ihren Vogel ganz allein für sich verspeisen; ihr Herr hatte sein eigenes Abendbrot, das schon auf dem Herd brutzelte. Nach dem Essen nahm der Besitzer der Katze seine Pfeife und suchte einen kleinen Tabakvorrat, den er wintersüber in seiner Hütte gelassen hatte. Er hatte oft daran gedacht; dies und die Katze waren gute Gründe gewesen, im Frühling nach Hause zu kommen. Jedoch der Tabak war fort, kein Stäubchen war übriggeblieben. Der Mann fluchte ein bißchen, grimmig, aber eintönig und nebensächlich, was der Gottlosigkeit einen Teil ihrer Wirkung nahm. Er war von jeher ein schwerer Trinker gewesen und war es noch; er hatte auf die Welt losgeschlagen, bis sich die Narben ihrer scharfen Ecken seiner ganzen Seele eingeprägt hatten. Er war dadurch hart geworden, sein ursprünglich sehr weiches Gefühl war abgestumpft. Er war ein sehr alter Mann. Er suchte nach dem Tabak mit stumpfer Beharrlichkeit. Dann blickte er mit einfältiger Verwunderung im Zimmer herum. Plötzlich fiel ihm Verschiedenes auf, das sich geändert hatte. Die zweite Ofentür war entzwei, ein alter Teppichfetzen war vor ein Fenster gehängt, um die Kälte abzuhalten; sein Feuerholz war fort. Er schaute hin – da war auch kein Petroleum mehr in seiner Lampe. Er blickte nach den Decken auf seinem Bett, hob sie auf, und wieder gab er den merkwürdigen, gedankenschweren Ton von sich.

Dann suchte er noch einmal nach seinem Tabak.

Endlich gab er es auf. Er setzte sich ans Feuer, denn der Mai ist im Gebirge noch kalt. Er hielt die leere Pfeife im Mund; seine rauhe Stirn faltete sich.

Er und die Katze sahen einander an durch die Mauer des Schweigens, die seit Erschaffung der Welt zwischen Mensch und Tier errichtet ist.

# Eva Hüttemann

## Auf der Jagd

Der Schnee fiel dicker, und die frostigen Winternächte wurden beißender. Floh nahm seine Gewohnheit aus den Kindertagen wieder an: Schlummer-Schnurre-Liedchen singend, schmiegte er sich an meine Schulter. Ich durfte wieder Schlafgenosse, ein wenig noch Ersatzmama sein, nur der Platz, den er brauchte, war um etliches größer geworden. Noch im Juli war's ein Häufchen Fell an meiner Schulter – wenn Floh sich jetzt ausstreckte und wohlig dehnte, hatte ich nur noch die Hälfte unseres Lagers. Dafür war es sehr gemütlich.

Aber auch in der dunkelsten Winternacht stand er pünktlich um sechs Uhr auf: dehnen, gähnen, putzen ... ein Hupf vom Bettrand, und der Kater war fort! Was rief ihn da draußen – in dieser Kälte!!??

Es ging nicht mehr um die Hühner aus Nachbars Garten. Die schliefen noch fest auf ihren Stangen im Stall; außerdem waren das längst »seine« Hühner in »seinem« Revier. Viel mehr interessant war der Vogelfutterplatz gleich zur Rechten unseres Hauses! Eingehüllt im schwarzen dicken Winter-Pelzmantel, bezog Floh – unsichtbar – noch in der Dunkelheit die Stellung und saß reglos unter den Hecken, über denen die Futterhäuschen hingen. Er war bereit!

Das Spielen war vorbei. Der echte, angeborene Jagdtrieb war erwacht und nicht mehr abzustellen. Floh fing jeden unvorsichtigen Vogel. Sattfüttern half überhaupt nicht.

Ich war verzweifelt. Mehrmals in der Woche war die Diele ein mit Federn übersätes Schlachtfeld! Es ging mir nicht ums Saugen und Aufräumen, aber um die Vögel. Abgewöhnen?? Wie denn. Floh tat nichts Böses, sondern nur das, was ihm angeboren war.

Beim Einkauf im Zoogeschäft sah ich neben dem Katzenfutter nachgemachte Mäuse, graue und weiße mit richtigem Fell – täuschend echt. Ob das wohl half? Oh, und Glöckchen, klein und leicht, zum Spielen für Wellensittiche gedacht. Genau das war's! Ich erstand beides, Fellmaus und Glöckchen.

Erwartungsvoll (und wild entschlossen, den Vogelmord abzustellen) kam ich heim. Floh war schon im Haus und wartete auf die »Pflichtübung« Teppichschieben – die unterblieb. Statt dessen hatte ich die Maus. Im hohen Bogen warf ich sie durch die Diele.

Im Sekundenbruchteil – was sind Sekunden für eine Katze – flog Floh hinterher und landete im gleichen Bogen mit dem weißen Mäuschen auf dem Boden... sauste ins Versteck unters Bett, trieb die Beute aus der »Höhle« hervor... rollend und sich überschlagend wurde die Maus (immer wieder hochgeschleudert) totgespielt... um ihr dann letztendlich mit Genuß den Kopf abzureißen.

Gott sei Dank war dies nur eine Attrappe!

Ich muß leider hier einfügen, daß jede lebendige Maus von Floh mit größter Vorsicht, sanft und unverletzt, zum gleichen grausamen Spiel in die »Arena«-Diele gebracht wurde. Nicht jetzt im Winter, aber den ganzen Sommer lang, soweit der Vorrat an Mäusefamilien reichte.

Das geschah meistens am Abend. Ich hatte Handschuhe bereit und eine »Intensivstation« eingerichtet zum Schockvergessen der ausersehenen Opfer.

Floh bekam Zimmerarrest und die jeweilige Maus nach der Erholungspause eine Stunde Vorsprung, bevor der Killer wieder freigelassen wurde. Oft gab ich noch Sicherheitsgeleit – vielleicht hatte sie Familie oder unmündige Kinder. An diesem Abend, von dem ich erzähle, war's nur die Spielmaus, und der Rest war Pappendeckel! Der Killer lag entspannt zwischen den zerfetzten Teilen seiner Beute und entfernte die Fellstückchen aus seinen Krallen.

Jetzt oder nie! Das Glöckchen war gerichtet. Während Floh sein Köpfchen unschuldsvoll zum Streicheln hob, hatte ich mit einem leichten Griff die »Warnanlage« für die Vögel an seinem Halsband befestigt. Ich streichelte weiter und weiter ... Floh hatte noch nichts bemerkt.

Jetzt aber hob sich die Schwingklappe ... und Bastian »schneite« buchstäblich durchs Törle zum Abendessen herein. Er schüttelte sich den Schnee aus dem Fell und betrachtete erstaunt das Pappendeckelschlachtfeld auf dem Teppich.

Floh rollte sich unter meiner Hand hervor. Er mußte Basti empfangen, ihm gegenüber die heißerkämpfte Anerkennung aufrechterhalten und, um ja keine Zweifel aufkommen zu lassen, sofort und auf der Stelle seine Größe demonstrieren. – Klingeling ... »He, was ist das??« Leise läutend kam er auf die Pfoten. Schütteln ... es klingelte! Drei rasche Runden durch die Diele ... klingelnd! Die Wirkung war verblüffend: Bastian klemmte sich erschrocken an die Wand, und die Unüberwindlichkeit von Floh war nicht nur sichtbar, sondern nun auch hörbar geworden.

Floh kapierte das sofort ... ging überraschend unbeeindruckt zum Abendessen über, putzte sich dann leise läutend das Mäulchen und verschwand wie immer zum kurzen Abendspaziergang durchs Törle in die Winternacht. Basti folge fasziniert dem Glöckchenton.

Floh wurde zum bekanntesten Kater in unserer Straße.

In Katzenkreisen und auch so ...! »Oh, ist der süß, gehört der Ihnen?« wurde ich gefragt, wenn er mich abends am Zaun erwartete. Ein Kätzchen fällt im Dorf nicht besonders auf. Ein läutendes aber läßt hinschauen ... man neigt sich zum Streicheln.

Irgendwie war es auch für mich ein total neues Erlebnis, wo der Herumtreiber nach dem Abendessen steckte. Sein Nachhausekommen – etwa um Mitternacht – kündigte sich mit Klingeling aus der Ferne über die Koppel her an, wurde deutlich ums Haus herum ... lauter in der Diele und endete läutend – verbunden mit einem »Mi-Mi« – vor der Schlafzimmertüre. Noch ein Hupf aufs Bett, und die kleine kalte Nasenspitze drückte sich vertraut in mein Gesicht.

Allseits bekannt war Floh nun endlich auch in Vogelkreisen!

Man konnte beruhigt in den Vogelhäuschen frühstücken, sie hingen hoch und sicher. Nur um keinen Preis die heruntergefallenen Körner vom Boden aufpicken. Unten saß der Tod in Schwarz! Jeden Morgen ab sechs Uhr früh – geduldig, bis in den hellen Vormittag. Aber fortan erfolglos! Selbst die kleinste Bewegung verriet seine Anwesenheit und ein leiser Ton warnte: »Aufpassen, der Tod wartet noch immer!«

Das Glöckchen tat seinen guten Dienst bis hin zum Frühling – bis die Zeit des Vogelfütterns ohnehin zu Ende war.

# Martina Magyari

## Micki und Julians Lebensphilosophie

Der zweite Winter im Hanghaus brach für Julian an. Julian hatte Feuer im großen Kamin im Wohnzimmer gemacht, das eine behagliche Wärme ausstrahlte. Die Nachtschatten begannen schon ihre Spuren auf der verschneiten Wiese zu hinterlassen.

Micki schnurrte in Julians Schoß, hatte die Augen fest geschlossen und nur hin und wieder eine zarte Bewegung seines linken Ohrs ließ darauf schließen, daß er Julian zuhörte, der laut philosophierte.

Manchmal lief ein leises, wohliges Zittern durch Mickis Fell, das jetzt dicht und warm war.

Noch vor einer Stunde hatte Micki mit seinen Samtpfoten abstrakte graphische Gemälde in den Schnee auf der Hangwiese gemalt, die jetzt in der Dezemberdämmerung verschwammen.

Der zweite Winter, den Julian und Micki gemeinsam erlebten, war über Nacht gekommen. Auf einmal hatte die Wiese weißverschneit dagelegen und im frühen Morgenlicht aus tausend Punkten geglitzert. Julian konnte sich nicht satt daran sehen.

Im Kamin duftete das Holz, das Julian für den Winter gespalten hatte und im Schuppen verwahrte. Er schaute den Flammen zu, die auflohderten und verloschen und ihn zu tiefsinnigen Gedanken anregten.

»Weißt du, du alter Wiesenmauser, du, ich gehe nun in Riesenschritten auf die Vierzig zu«, sagte Julian zu Micki, »da sollte man wissen, wie man mit dem Leben umzugehen hat, beziehungsweise das Leben mit uns, zumindest sollte man um die wirklich wichtigen und positiven Dinge wissen, die dem Leben einen Sinn geben.«

Micki bewegte zustimmend sein sensibles linkes Ohr.

»Dank Tante Kasimira besitzen wir nun ein Haus«, fuhr Julian fort. »Ich habe kein Auto, kein dickes Bankkonto, keine Maßanzüge, keine Wertpapiere wie viele andere in dieser Straße. Aber ich habe mein Auskommen mit den Malstunden, die ich privat und in der Freien Waldorfschule in der Kreisstadt gebe. Und die Ausstellungen hin und wieder bringen auch etwas ein. Ich kann mir keine großen Reisen erlauben, und trotzdem bin ich reich. Verstehst du das, Micki?«

Das Holz im Kamin knarrte und flüsterte, die Dunkelheit zog die Fenster zu, Micki schnurrte verhalten und ausdauernd.

»Ich habe nie nach großem materiellem Besitz gestrebt, denn am Ende des Lebens zählt das nicht. Da zählt vielleicht nur, welche Spuren wir auf Erden hinterlassen haben bei unseren Mitmenschen und allen Geschöpfen, mit denen wir eine gemeinsame Zeit hatten.«

Julian schaute sinnend vor sich hin.

»Wir beide sind trotzdem reich«, fuhr er fort. »Reich an Zeit, reich an Freude an den kleinen Dingen, die andere vielleicht nicht mehr sehen, weil man nur mit dem Herzen gut sieht, wie ein großer Dichter gesagt hat.

Ist es nicht schön, den Kaminflammen zuzusehen,

die Winterwiese mit deinen Katzenpfoten zu bemalen, die Blumen im Frühling wachsen zu sehen und die Äpfel im Herbst zu ernten, die jetzt aus der Schale auf dem Tisch duften. Ein gutes Glas Wein, ein Stück Wurst mit Brot sind ebenfalls nicht zu verachten.

Siehst du, Micki, manche Menschen durchreisen die Welt und sehen doch nichts. Manche hören die Stille nicht mehr, die in den tiefen Wäldern zu Hause ist. Meinst du nicht auch, Micki, daß wir beide zu beneiden sind um unsere innere Zufriedenheit und Dankbarkeit?«

Micki öffnete die Augen, gähnte, streckte seine Pfoten und streichelte Julians Knie.

»Lebe nie gegen deine innere Harmonie«, hatte seine Großmutter einst zu ihm gesagt. »Versuche, im Leben herauszufinden, was deine Bestimmung ist.«

Julians Bestimmung war es zu malen. Nichts anderes wollte er.

»Genug der Philosophie«, sagte Julian zu Micki.

Er machte eine Dose mit Krabben auf, die Micki besonders mochte. Micki machte sich darüber mit Heißhunger her.

Für sich selbst schnitt Julian Brot, nahm ein Stück Hartwurst aus dem Küchenregal und schenkte sich ein Glas Wein ein.

»Wir beide, Micki, wir haben es gut«, sagte Julian und prostete Micki zu, der kurz seinen Kopf hob und dann weiterfraß.

Wie schön war das Leben für Julian und Micki, dieses im Grunde unfaßbare und unhaltbare Etwas aus Tiefe und Zeit, in das Julian und Micki mit Intensität hineintauchten und das sich ihnen in seltenen Augenblicken auftat wie eine gläserne Tür, durch die sie beide gingen.

# Quellennachweis

**Lydia Adamson**, »Eine Katze kommt selten allein«.
© Lydia Adamson, 1990. Published by arrangement with Dutton signet, a division of Penguin books USA Inc. © 1995 by Aufbau Taschenbuch Verlag GmbH, Berlin.

**Phyllis Briggs**, »Schnurrs Abenteuer«.
Aus: Schnurr, der Kater. © by Verlag Carl Ueberreuter, Wien

**Raymond Chandler**, »Unsere schwarze Angora«.
Aus: Die simple Kunst des Mordes. © 1975 by Diogenes Verlag AG, Zürich.

**Colette**, »Ein Märchen für die Kinder der Soldaten«.
Aus: Friede bei den Tieren. © 1933, 1953 und 1981 by Paul Zsolnay Verlags Gesellschaft m.b.H., Wien/Hamburg

**Renate Fabel**, »Schneeballschlacht? Nein, danke«.
Aus: Molly im Glück. © by F. A. Herbig Verlagsbuchhandlung GmbH, München.

**Renate Fabel**, »Winterstellung«.
Aus: Fritzi, die Müllerkatze von Sanssouci. © 1989 by F. A. Herbig Verlagsbuchhandlung GmbH, München.

**Peter Heim**, »Zwei Fotografien«,
Aus: Endlich war wieder Weihnachten. © 1989 by Autor und AVA – Autoren- und Verlags-Agentur GmbH, München-Breitbrunn

**Eva Hüttemann**, »Auf der Jagd«.
Aus: Katzentatzen. Geschichten für Katzenliebhaber. 2. Aufl. © 1993 by Bleicher Verlag, Gerlingen.

**Eva Hüttemann**, »Bastian wandert aus«.
Aus: Katzentatzen. Geschichten für Katzenliebhaber. 2. Aufl. © 1993 by Bleicher Verlag, Gerlingen.

**Katharina Kühl**, »Mau-Mau«.
Mit freundlicher Genehmigung der Autorin.

**Horst M. Lampe**. »Weihnachten in Florida«.
Aus: Ein Kater von der Welt. Memoiren einer Samtpfote. © 1991 by F. A. Herbig Verlagsbuchhandlung GmbH, München.

**Charlotte Link**, »Wirklich clever, dieser Weihnachtsmann«.
Aus: Endlich war wieder Weihnachten. © 1989 by Autor und AVA – Autoren- und Verlags-Agentur GmbH, München-Breitbrunn.

**Martina Magyari**, »Micki und Julians Lebensphilosophie«.
Aus: Samtpfote und der Duft von Gras. © 1992 by F. A. Herbig Verlagsbuchhandlung GmbH, München.

**Angelika Mendau**, »Ein Haus aus Schnee«.
Aus: Allerlei Schnee. © 1991 by Altberliner Verlag, Berlin–München

**Ulrike Piechota**, »Katzenweihnacht«.
Aus: Ein Christbaum voller Geigen. Mit freundlicher Genehmigung der Autorin.

**Gina Ruck-Pauquèt**, »Warum jedes Jahr wieder Weihnachten wird«.
Aus: Weihnachten. © by Honos Verlagsgesellschaft mbH & Co. KG, Bergisch-Gladbach.

**Barbara Rütting**, »Viel Lärm um nichts«.
aus: Ach du grüner Kater. © 1979 by Georg Lentz Verlag in der F. A. Herbig Verlagsbuchhandlung GmbH, München.

**Marguerite Steen**, »Kleiner weißer König«.
Aus: Katzenzauber. © deutsche Rechte by Scherz Verlag, Bern und München.

**Jill Steinberg**, »Miss Lucie als rettender Engel«.
Aus: Die unverbesserliche Miss Lucie. © 1984 by Gustav Lübbe Verlag GmbH, Bergisch Gladbach.

**Angela Wegmann**, »Der Engel der Tiere«.
Mit freundlicher Genehmigung der Autorin.

**Mary E. Wilkens Freeman**, »Die Katze«.
Aus: Liebe zu Katzen. © by Müller Rüschlikon Verlags AG, Cham.